超级激励鼓舞士气
疯狂销售业绩飙升

为什么同样的行业、同样的位置、同样的客户定位、同等档次的装修，有的门店终端越做越大、越开越多？有的却越做越小甚至消失？为什么别人的营业额是您的几倍、甚至几十倍？成功者之所以成功，是因为他们走上了正确的道路和掌握了成功的窍门！他们做对了什么，具体是怎样做的？其中是否有规律可循或成功模式可借鉴？

王牌培训书系

销售教练

第2版

引爆终端

著名营销教练 业绩提升专家
肖建中 总主编

Xiaoshou Jiaolian

SPM
南方出版传媒
广东经济出版社
·广州·

图书在版编目（CIP）数据

销售教练：引爆终端 / 肖建中主编. —2 版. —广州：广东经济出版社，2015.9

ISBN 978-7-5454-4136-9

Ⅰ. ①销… Ⅱ. ①肖… Ⅲ. ①销售学 Ⅳ. ①F713.3

中国版本图书馆 CIP 数据核字（2015）第 165972 号

出版 发行	广东经济出版社（广州市环市东路水荫路 11 号 11～12 楼）
经销	全国新华书店
印刷	茂名市永达印刷有限公司 （茂名市计星路 144 号）
开本	787 毫米×1092 毫米　1/16
印张	14.5
字数	226 000 字
版次	2015 年 9 月第 1 版
印次	2015 年 9 月第 1 次
书号	ISBN 978-7-5454-4136-9
定价	25.00 元

如发现印装质量问题，影响阅读，请与承印厂联系调换。

发行部地址：广州市环市东路水荫路 11 号 11 楼

电话：（020）38306055　37601950　邮政编码：510075

邮购地址：广州市环市东路水荫路 11 号 11 楼

电话：（020）37601980　营销网址：**http://www.gebook.com**

广东经济出版社新浪官方微博：**http://e.weibo.com/gebook**

广东经济出版社常年法律顾问：何剑桥律师

王牌培训书系

编 委 会

培养“终身员工”，培育“终身客户”
——“王牌培训书系”总序

肖建中

在为“中国移动”各地分公司培训时，我都会请学员做一道简单的算术题：“一位20岁刚参加工作的年轻人，假定他每月的移动通信话费为人民币100元，那么到他60岁退休，将为中国移动贡献多少话费?”

心算较快的学员立即回答：“40年累计话费48000元!”

“如果这个客户不但自己使用中国移动的产品与服务，同时还介绍身边的亲朋好友一起使用，那么这个客户的价值又是多少呢?”我继续提问。

大家笑道：“看来以后无论是消费几十元还是几百元的客户，我们都要将他当作消费几十万元的大客户来对待!”

我的培训PPT以打字机的形式，“滴答滴答”地播放出以下字幕：

“终身客户”是一辈子都购买或使用贵公司产品的忠诚客户；“终身客户”的价值是指每个购买者在未来可能为企业带来的收益总和，它不单在于每一次的购买数量，也不仅仅是其个人一辈子的购买金额，而在于其影响、转介绍尽可能多的新客户!

问题又来了：怎样做客户才会持续忠诚变为“终身客户”? 如何才能让客户帮助我们介绍尽可能多的新客户呢?

有学员回答：“如果我们制定具有竞争力的营销政策，设计让客户忠诚的VIP会员体系，就有可能较长时间留住客户，为我们创造更高的价值!”

新问题是：“谁来执行这些营销政策，谁来为VIP会员提供始终如一的服务呢?”

答案是：我们的员工。

但现实是：目前中国80%的企业和门店，对员工特别是一线员工普遍缺乏专业、系统、有效的培训！

一线员工是客户接触的第一件“商品”，客户到底购买谁家的产品，在很大程度上取决于一线员工的言谈举止和销售、服务水平。很多一线员工每天都可能少卖了三五件商品，甚至在不自觉地驱逐顾客、流失利润！可他们自己及其老板却浑然不知!!

“终身客户”是由“终身员工”开发、服务并长期培育而来的，没有“终身员工”，就不可能有“终身顾客”！

讲到这里有人问：现代社会流动频繁，由于公司发展或者员工职业规划改变，普通员工大都难以在一家单位做一辈子，何来“终身员工”？

其实，“终身员工”不单是指一辈子在一家单位工作的员工，同时也指拥有“终身员工”的心态、用“终身员工”标准来要求和行动的员工。

随着企业竞争日益白热化，产品同质化、服务同质化、终端同质化、营销手法同质化……只有“人”的因素是差异化的，而企业内部培训与员工自我学习是拉开这种同质化及培养“终身员工”最有效的手段！

“铁打的营盘，流水的兵！”只有通过经常性的、系统性的培训，才能源源不断地锻造出训练有素的、极具战斗力的团队，确保你的企业成为“铁打的营盘”！

企业的竞争归根到底就是人才的竞争，从某种意义上讲就是培训的竞争！未来企业能优于竞争对手的唯一途径，就是比竞争对手学得更快！因此，谁能更快、更好地建立自己的企业大学或内部培训学院，打造好培育人才的孵化器，实现人才培育的自我造血，谁就能赢取先机、决胜未来!!

“王牌培训书系”的出版，要感谢北京师范大学特许经营学院刘文献院长与中国营销学会丁一会长等好友的大力支持，以及策划编辑李惠玉老师和责任编辑的辛勤劳动，我们在编撰往来中碰撞出不少创意火花，对此表示最真挚的感谢！

当然更要感谢购买本书的读者您，以及为我们提供实践平台的客户中国移动、中国惠普、百事、小天鹅、新世界百货等优秀企业，我们在提供服务的同时也受益良多。

最后要感谢我所有的合作伙伴，特别是本书系副总主编龚震波老师、王颂舒老师和叶素贞老师，感谢他们始终如一的支持与付出。

同时，我们也期待优秀企业家、职业经理人与实战培训师，能贡献自己的实战经验与智慧，在“王牌培训书系”中出版自己的著作。

企业内训与出版合作联系方式：f6868@126.com，13798113166。

目录

王牌培训书系

第一章　带动师是引爆终端的魔术师　/　1

一、带动师是销售终端的“指战员”　/　2

带动师首先是销售高手　/　2

带动师更是绩效教练　/　3

带动师的职业前景规划　/　6

二、带动师必修的内功　/　8

了解服务团队的企业文化　/　8

明确服务团队的销售风格　/　10

对团队成员进行细致了解　/　11

完全掌握销售商品相关的知识　/　12

三、如何获取带动师“资格证”　/　14

用雷锋精神服务团队　/　15

培养振臂一呼应者云集的影响力　/　16

带动师要在学习中不断成长　/　17

习惯创新，跟上创新时代的步伐　/　18

第二章　挥动鼓舞士气的指挥棒 / 21

一、让大家情绪高涨的秘方 / 22

制订一个“选择态度菜单计划” / 23

每日例行积极抱怨 / 25

担当快乐角色 / 26

二、三大方法打造团队信任感 / 29

信任是高效团队的基石 / 30

“借眼睛”游戏快速建立信任感 / 31

我的眼里尽是你的优点 / 32

巧组“责任拍档” / 33

三、“家庭型”团队改造跳槽习惯 / 34

用“第二家庭”来拯救跳槽危机 / 34

关心成员应“公私不分” / 36

挖掘团队快乐的小点子 / 37

协助业绩提升，获得成就感 / 38

四、众人同心，其利断金 / 40

强制性团队合作 VS 单干 / 40

建立合作精神的经典步骤 / 41

有效促进团队合作的小游戏 / 42

第三章　精神激励，用心不用薪 / 45

一、赞赏：发给新员工的信心种子 / 46

运用正面激励——赞赏 / 46

阶梯式赞赏的持续效应 / 48

运用进化式赞赏 / 49

赞赏的有效技巧 / 50

二、用危机感刺激老员工懈怠的神经 / 52

危机感克制过分稳定 / 53

从新员工中培养一条危机“鲶鱼” / 54

从老员工中打造危机“鲶鱼” / 55

用“末位制”打造虚拟“鲶鱼” / 56

三、不同时期的不同激励策略 / 57

创立初期激励——前途是光明的，道路是坎坷的 / 57

危机期激励——将向下的压力化为向上的动力 / 59

稳定期激励——抓住时机大练兵，更上一层楼 / 60

四、三份廉价高效的激励菜谱 / 62

晨舞＋动力早餐 / 62

竞赛：你追我赶争第一 / 64

欢乐夜，温馨会 / 66

五、如何让团队成员“闻声而动” / 68

选择音乐“因时而异” / 68

主题音乐 DIY / 70

音乐间隙，用“喊麦”带动销售激情 / 71

第四章　有效沟通提高团队绩效 / 73

一、良好沟通的第一步叫做关注 / 74

用关注的钥匙打开沟通之门 / 74

关注从第一刻到最后一刻 / 76

关注无时不在 / 77

警惕关注“禁区” / 78

二、坦诚：完全不用技巧的高效沟通方式 / 80

虚伪沟通氛围形成之缘起 / 81

两种态度塑造坦诚团队 / 82

破除壁垒的简易方式 / 84

三、耳朵征服，做第三层倾听者 / 86

用耳朵解决问题 / 86

倾听的三个不同层次 / 87

做第三层倾听者的技巧 / 89

四、建立双向交互式反馈模式 / 91

良好反馈＝良好业绩 / 92

双向反馈之下行“三明治”反馈策略 / 93

双向反馈之上行反馈方式 / 94

五、科学处理团队冲突 / 96

善待冲突的有效性 / 96

积极规避冲突的有害性 / 98

掌握冲突处理的基本策略 / 99

第五章 热销氛围激发消费冲动 / 103

一、正确陈列，可提高销售额的10% / 104

陈列≠审美追求 / 104

堆放式陈列：以数量制造“声势” / 105

用色彩搭配出的销售气氛 / 106

陈列分寸，高低有别 / 108

联想式陈列提高销售额 / 110

二、巧妙运用 POP 赢取利润 / 112

小巧玲珑的赢利高手 / 112

POP 的制作和使用方法 / 113

POP 使用自我检查表 / 116

三、用店内广告刺激购买欲望 / 117

用好海报这个销售帮手 / 117

模特：不说话的销售员 / 120

员工是促销活广告 / 122

四、将滞销产品变成“抢手货” / 124

确定滞销商品的标准 / 124

化整为零与化零为整 / 126

逆向操作，高价策略把滞销变畅销 / 127

五、时令促销，激发冲动性消费 / 129

促销计划拟订及作业流程 / 129

五种代表性促销方案 / 131

1～12 月份主题促销活动备忘录 / 135

第六章 销售服务用嘴更用心 / 137

一、减少等待时间＝提高销售概率 / 138

商品与价格一目了然 / 139

让取货时间变短 / 140

结账分秒必争 / 142

二、把握亲近分寸，保持顾客消费胃口 / 144

四不原则：不冷、不热、不近、不远 / 144

亲疏之间的温和启发型销售 / 146

LCR：甩掉“上一个顾客的残渣” / 147

三、心理战术，让顾客打心眼里想买 / 149

攻心也要男女有别 / 150

老、幼、青、壮购物心理连连看 / 151

特定角色的心理战术 / 153

四、调动消极顾客的购买热情 / 155

只看不买的 Windowshopping / 155

掏掏闲逛顾客的腰包 / 157

紧闭嘴唇的顾客，让沉默真的成金 / 159

五、处理投诉挽回人心 / 161

“对不起”和“马上处理” / 161

妥协，退一步海阔天空 / 163

未雨绸缪，顾客满意度调查表 / 164

第七章 团队作战、共创佳绩 / 167

一、高绩效 12321 团队模式 / 168

12321 的角色构成 / 169

发掘五种角色的互动功能 / 171

12321 模式的机动变化 / 173

二、小团队合作 + 连带销售 / 174

忙时强强联合打造攻坚小团队 / 174

闲时帮带互补组织温和型小团队 / 176

小团队配合做连带销售 / 177

三、在线销售，e 网打尽 / 179

建立商业网站四部曲 / 180

商业网站可选择的项目 / 182
运用电子邮件做网络促销 / 185
四、团队 360 度绩效考评 / 187
360 度绩效考评方法 / 187
绩效评估操作表格制定 / 189
绩效奖惩，怎样才能种瓜得瓜 / 192

第八章 一分投入三倍产出，团队自助式培训 / 195

一、新员工培训：顺利度过蜜月期 / 196
新员工培训内容 / 196
新员工培训内容清单 / 198
岗位技能培训方案 / 199
创造“第一日工作印象” / 201
二、在职培训：明确需求，对症下药 / 202
采用必要性分析搜集资料 / 202
主动出击，用整体性分析收集资料 / 204
从绩效差距中分析培训需求 / 205
三、互动培训：学习并快乐着 / 207
培训游戏化、娱乐化 / 207
情景模拟，为培训打造虚拟空间 / 210
运用典型案例做主题培训 / 211
四、带动师培训私房宝典 / 213
离职培训，将培训进行到底 / 213
自动做好培训回馈 / 215
建立培训图书馆 / 216
备注：职业发展各阶段培训工作列表 / 217

第一章

带动师是引爆终端的魔术师

带动师是销售终端的“指战员”

带动师必修的内功

如何获取带动师“资格证”

一、带动师是销售终端的“指战员”

经过堡狮龙或班尼路的专卖店时，经常听到店内此起彼伏的“加油”、“努力”之声，鼓励全体员工继续努力，这就是带动师在工作。

那么，带动师就是那些催促大家卖出更多 T 恤的家伙吗？是，但这只不过是冰山微不足道的一小角。

带动师首先是销售高手

山东淄博有一家叫“得喜利”的新式杂货店，它主要面向年轻的消费群体，经营各种时尚日用品、装饰品以及服装鞋帽等，一共有七个销售导购员。

张娟是“得喜利”的老员工，一开始她是负责发饰专区的，那是“得喜利”最能吸引顾客的一个区，销售业绩一直令人满意。但与发饰区相反，箱包区则由于产品定价偏高，销售一直不理想。

带动师来自于团队，服务于团队，是销售团队的绩效教练。

为了改变这种情况，店长把表现不错的张娟调整到箱包区。开始的一个月，几乎没有任何起色，但从第二个月起，店长发现箱包销售业绩开始节节攀高，到第三个月时，业绩已经比原来翻了一番。

用张娟自己的话来说就是：没有她卖不出去的包！这句话成了“得喜利”的流行语，先是大家在私底下以开玩笑的形式互相打气，后来一致决定改成“得喜利”的内部广告语：没有什么不能卖的！每天正式开始工作之前，都由公选的代表张娟带领大家喊这句鼓舞士气的广告语。

很明显，张娟来自销售第一线，是非常普通的员工，但她又有区别于其他员工的地方——她是团队中的销售能手，并逐渐成长为团队的带动师。

从张娟身上，我们可以总结出带动师应该具有的基本特征是：

- 工作在销售第一线。
- 非常热爱销售工作。
- 有自己的销售绝招。
- 销售业绩处于团队的领先位置。
- 能够带动同事一起提升销售业绩。

因此，结论就是：带动师来自销售一线，而且具有良好的销售业绩。带动师必须具有丰富的一线销售经验，这样才具备教练的基本资格，即懂得“做给团队成员看，并教他如何做”，所以成为带动师的基本前提是自己首先是个销售高手。

带动师更是绩效教练

如果一个销售人员只知道如何创造自己的销售业绩，而不会带领和指导同事，充其量只能算是一个优秀的销售员、一个出色的执行者，而没有资格成为带动师。

带动师与一般销售人员的主要区别就在于带动师不但自己是一个销售高手，而且还需要具有带动和指导团队成员提高士气和绩效的能力。带动师来自于团队，也注定服务于团队，他在团队中应尽到如下职责：

1．言传身教带领团队成员进行销售

张娟不因为自己是销售明星，就把自己凌驾于工作伙伴之上。只要有帮助他人的机会她都不会放过，并能从中获得很大的乐趣。

某天，导购员小陈与一位顾客拌起了嘴，双方剑拔弩张，其实只不过为了一件两元的小挂件。张娟把小陈拉到一边，心平气和地同顾客交流了三分钟，不但小挂件的问题解决了，还说服顾客又选了一个配套的手机包。

这事对小陈刺激不小，她从张娟身上学到了什么是真正的服务者姿态，“谢谢”虽然没有说出口，但却对张娟由衷地佩服。

小陈的情况代表了团队中一部分人的情形，而带动师的出现，则为这部分人树立了工作的标准，以及学习的对象。

作为一个真正的带动师，应当主动把自己的一身好“武艺”传授给团队伙伴，这样才能促进整个团队不断前进。

2．采取措施带动团队士气

由于店长辞职，新一任店长又没有及时到位，店面管理只好暂时由经理直接过问，但是经理公务繁杂，只是偶尔露上一面，结果人心涣散，工作也开始出现拖拉的情况。

本来这不关张娟的事情，但是前任店长对她一直很关照，她不想看着店长苦心经营起来的“得喜利”变成邋遢店，于是就找到几个关系好的导购员一起商量，决定取消原来的广告语，重新向每个导购员征集一句新的。

很快就征集了六条新的广告语，加上原来那一条（一致要求保留）正好七条，大约是每人一条，一天换一条。因为广告语都代表了大家的决心，所以为了起到表率作用，七个人又开始发奋工作了。

任何一个团队的成绩都有赖于高涨的士气和旺盛的斗志。当士气不佳时，工作效率、销售业绩都会随之下滑。面对这样的情况，带动师应像张娟一样，针对实际情况寻找具体的解决办法，从而激发大家的工作热情，避免团队人心涣散。

3．运用方法帮助团队提高绩效

尽管大家都努力工作，但绩效却越来越差，经理已经三番五次要求他们想办法提高绩效了，但大家整天忙于理货、售货，哪有时间和心思去想办法呢。

最后还是张娟拿了主意，她建议在店内实行积分卡，每次购物满18元计1分，累积到10分就能得到小礼物；如果一次性购物满50元以上，可直接获得小礼物，另外再计2分。

经理同意这个方案，并专门购进了一个可爱的小狗勋章作为赠品，而这种赠品在店内并不出售。方案实施后，业绩在短时间内得到了提升。时值中秋，经理还因此给每人发了红包，并特别表扬了张娟。

带动师是绩效教练，首要任务当然是提高效率、提升业绩。这不是用嘴巴说说便可办到的，它需要一些实用的方式方法，像张娟所用的积分制便属于其中的一种，现在也比较普及。

4. 发挥才能培训团队成员

新店长终于上任了，经理看到这段时间业绩没有下滑，反而有所回升，认为“得喜利”还有很大的潜力可挖，就把库房改成销售区，把存货都放进地下室。卖场规模变大了，同时又招聘了四个新的导购员。

四个人不算多也不算少，需要进行岗前培训，但新店长忙于接手和熟悉店务，根本抽不出时间去培训新人。于是大家推荐张娟做了兼职培训师。

张娟没做过老师，但当过学生，懂得那种枯燥说教的滋味，于是决定上班时由老员工对新员工进行帮带，下班后让新员工提出工作中发现的问题，张娟进行解答。同时还针对铺货、点货等技能展开竞赛，一周时间就让新员工完全上了轨道。

张娟的培训行为来自特殊机会，实际在带动师的工作中，培训是工作职责的一个重要部分。带动师的培训也不仅针对新员工，还包括所有在职员工，甚至离职员工。

现在产品更新快，市场发展也快，要让团队保持行业一流水准，就必须及时进行技能培训。当然，方式、方法也非常重要。像张娟，就知道利用帮带、自助提问等方式培训，比之传统说教，更容易出效果。

带动师的职业前景规划

带动师的工作出发点和立足点均为“绩效”二字，分解开来就是，业绩和效率，这是一个团队得以生存和发展的前提，所以说，带动师掌握着整个团队的第一生命力，地位举足轻重，作用非同小可。

因为带动师由团队中的优秀者进化而来，并将逐步掌握团队的生命力，所以该职位日后的走向可以说是“前途不可限量”。如果非要在现实生活中找个参照系，那非穆里尼奥教练莫属。

穆里尼奥 1963 年出生于葡萄牙，他是欧洲薪金最高的足球教练，年薪约 750 万欧元，每天收入 2 万多欧元。

穆里尼奥有一句名言：“上帝第一，我第二。”言下之意是上帝不存在，所以队员都得听他的。在欧足联 2003 年最佳教练的评选中，穆里尼奥得到了超过 10 万张的选票，并最终以 60% 的得票率超过皇家社会主帅德努埃和斯图加特主帅马加特成为欧洲最佳教练。

实际上，穆里尼奥就是一个最佳的带动师。他能让一般的球队赛出超水平的、惊人的好成绩，这就是他价值天价的原因。穆里尼奥是一个杰出的参照对象，“得喜利”的张娟和穆里尼奥差距当然非常大，但按照社会大环境逐步走向智能细分化的趋势来看，带动师作为一种未来职业，会呈阶梯状发展。

1. 成为资深带动师

热爱且喜欢工作在销售第一线的带动师，通过言传身教，带领一线团队成员共同努力工作，达到既定目标。自始至终都活跃在销售第一线，成为资深带动师。

2. 晋升管理层

随着年龄的增加及销售管理等各方面经验的积累，带动师可以选择退居二线，成为大企业内部专职带动师，负责解决企业各个部门中的绩效问题。

3. 成为专业人士

带动师还可以独立形成新的职业，就像现在的企业顾问、培训师一样，专门为有需要的企业提供有偿服务，帮助他们提高绩效。

二、带动师必修的内功

对于一无所知的领域，人们不要妄图有所作为。

——雷·诺尔

带动师从属于一个销售团队，并对团队绩效负责，要完成这个艰巨的任务，就应当对团队进行详尽、透彻的了解，这是带领大家攻城略地的前提。

具体要了解的内容，可以从团队的企业文化、销售风格、团队成员以及销售产品的相关知识入手。

了解服务团队的企业文化

西方学者认为，企业文化是指一个组织（或企业、公司）内形成的独特的文化观念、价值观、历史传统、习惯、准则、道德规范和生产观念。依赖于这些文化，组织的各种内外部力量统一于共同的指导思想和经营哲学下。

看起来是个麻烦的概念，其实了解团队的企业文化只要从以下几个方面入手：

1．企业的发家史

企业文化中很重要的一个部分就是企业的发家创业史，即创始人于何年何月何日创办了该企业，当时的状况如何，后来又凭借什么发展起来，尤其是那举足轻重的第一步。

沃尔玛的员工没有一个人不知道山姆大叔的故事，做沃尔玛的带动师，首先要知道创始人老山姆的“吝啬”理念：老山姆崇尚节俭的经营之道，并相信由此带来的低价格符合消费者的最大利益。从每件商品只赚0.05～0.10元开始，他始终采用大众化、低加价的零售经营方式。

带动师来自于团队，服务于团队，是销售团队的绩效教练。

自1950年第一家名为“沃尔顿小店”的百货店在阿肯色州的本特维拉市开业起，近半个世纪以来，沃尔玛的创始人山姆·沃尔顿一直把最大可能地向消费者提供最低价位的商品作为沃尔玛的经营宗旨，将一间小百货店发展成零售帝国。

2．企业文化的精髓

哲学教大家做事情要抓重点，而不是眉毛胡子一把抓。成功企业的文化是一个庞杂的系统，但只要抓住其中的精髓，则万变不离其宗。

举个例子说，如果在李宁专卖店担任带动师，首先应该知道“一切皆有可能”这句话，在体育场上可以创造的奇迹，在销售市场上也能创造出来，这就是精髓所在。

3．企业广告

广告也是企业文化的重要组成部分，并体现着企业文化气质。

例如“特步”运动鞋，品牌代言人是谢霆锋，广告词是“非一般的感觉”。带动师很容易从这个广告上领会到“特步”运动鞋的销售定位：时尚、运动、健康。

4．企业最新动态

新的动态是企业文化的新因素，它能体现企业的未来走向。

比如伊利成为2008年北京奥运会的赞助商，这是件相当荣耀的事情，表示企业是行业中的精英，相应的带动师也要把奥运精神和伊利文化结合起来，领导团队。

明确服务团队的销售风格

每个成熟的销售团队，都有一套约定俗成或阶段性的销售风格。从广义上说，销售大体可以分成两种风格：

1．硬销售

就是强调产品的质量、价格等给消费者带来的实际利益，特别是产品特有的品质，这种策略通常被称为硬销售。

例如北京迪亚天天连锁超市，在招牌上标注着“折扣店”的字样，采用低价位的销售模式，消费者到迪亚天天就是为了买便宜的商品。

亨得利钟表店则以销售进口高档表为主，顾客光顾不为别的目的，就是冲着浪琴、米度等这些质量过硬的名牌来的。

2．软销售

就是采用形象或情感诉求，通过塑造产品或品牌形象，使消费者产生情感上的共鸣，强调消费者通过使用这一产品可以表现出或获得某种自我形象，而很少或根本不提及产品本身的质量、性能等方面的特点，这种策略被称为软销售。

例如，椰岛鹿龟酒的宣传是“孝敬父母的酒”，这就是情感诉求，让消费者感觉买这种酒就是向父母尽孝。

从狭义上说，则有多种变化多端的销售风格：

（1）会员式销售：顾名思义，这是一种只面向会员提供服务的销售方式。

例如，麦德龙是德国最大和最成功的零售集团之一。麦德龙一直以来都是采用会员制销售，他们规定：只有申请加入并持有会员卡的客户才能进场消费，没有会员卡的消费者不能进入商场。

（2）批发式销售：指非零售性的销售方式。

例如，德国的麦德龙商场，里面是五六米高的货架、超大号的手推车、大包装的面粉、白糖、食用油以及大块的猪肉、牛肉、羊肉……同一般超市比较，这就是一个批发市场，顾客也是批发商、餐饮店以及机关团体，而非个人或家庭。

(3) 开门迎客吆喝式销售：通过口头广告的形式，吸引更多顾客的销售方法。

例如，罗宾汉等休闲品牌专卖店，门口总站着一两个大嗓门的销售员，向路过的行人推销低价T恤。

(4) 体验式销售：指先让顾客使用产品，然后说服顾客购买的方式。

这在化妆品行业和美容行业比较流行，像美容院普遍采用的免费洗面、免费除角质等，免费体验是方式，得到顾客才是目的。

市场上存在的销售方式多种多样，有的是固定的，有的则处于变换状态。带动师要领导团队创造业绩，必须明确知道团队现阶段的销售风格，并以此为基础进行创新发展。

对团队成员进行细致了解

了解一个人并不是很困难的事情，况且带动师同团队一起工作，所谓天长日久，所谓近水楼台，真是天时、地利、人和一样也不缺。

人们常说“路遥知马力，日久见人心”，相处的时间久了，为人处世种种优缺点自然无可掩饰，可带动师需要的是在尽可能短的时间内尽可能多地了解团队成员，这就需要心中有数。而这个“数”主要体现在四个方面：

1. 职业兴趣

即该成员对所在岗位是否喜爱，对从事的工作是否具有一定敏感度。喜欢工作意味着具有热情，拥有敏感度则意味着具有可挖掘的潜力。

2. 行为风格

即该成员在工作中所表现的习惯性特征。例如，有人喜欢独立完成工作，有人总想得到他人意见；有人工作干净利索，让人放心，有人拖泥带水，时刻需要督促等。

3. 交际对象

即该员工在团队中喜欢同哪些人亲近。例如，有人喜欢和领导亲密接触，有人则对领导敬而远之而与工作伙伴打成一片；有人同诚恳朴实的伙伴关系密切，有人则追随在“受宠”员工左右，形同跟屁虫。

4. 品德教养

这一项比较抽象。所谓品德，是指遵守公共道德的自觉程度，是衡量人们对家庭、社会、工作责任心大小的标志。例如，有人会在他人遇到麻烦时主动帮忙，有人遇到同等情况则首先考虑自己利益；有人默默工作，从不邀功请赏，有的人干一分报三分，动辄抱怨连天。

根据上述要点充分了解自己的工作伙伴，带动师需要做到：

- 做有心人，注意观察工作中的细枝末节，细到连哪个员工喜欢吃辣，喜欢吃什么辣都要知道。
- 聊天，抓住机会甚至制造机会。不时跟团队成员拉拉家常，很可能了解到一些直接问也问不出的心事。
- 用心交流，不能为了解而了解。拿出诚意，才能换到别人的诚心。

了解团队成员，分清他们谁是狮子，谁是山羊，以便在工作中采取不同的带动措施，目的就是让团队高度和谐运转。

完全掌握销售商品相关的知识

带动师既然是团队的 No. 1，当然要熟悉相关的商品知识，具体如下：

1. 掌握销售商品的基本知识

包括商品的名称、价格、样式、用途、使用方法、保养方式、质量鉴别知识等等，这都是最基本的。

例如，一个快餐店的员工，要知道店里出售多少种汉堡。如果顾客是两个人，可以推荐的套餐种数、饮料搭配，以及相关的各种优惠活动都要在第一时间介绍给顾客。

2. 明确核心销售商品

核心商品是指一定阶段内，在所销售商品中处于主推地位，并具有竞争优势的产品。例如：新产品、应节应季产品、代表品牌风格的经典产品等。

对于一家花店来说，母亲节一定要把康乃馨摆在显眼的位置，并了解相关的背景资料。如果一个顾客问为什么要送母亲康乃馨，不能简单以约定俗成为由来敷衍对方。

3. 掌握所销售商品的生命周期

所有进入市场的商品和人一样，也有自己的生命周期，具体分为四个阶段：

导入阶段→成长阶段→成熟阶段→衰退阶段

在这四个阶段中，商品具有不同的特点，相应的也就有不同的销售策略，对此带动师应该有起码的认识。

周　期	特　点	常规销售策略
导入阶段	顾客不熟悉，销量少 需要比较多的广告做推广	对新产品进行宣传，举行针对新产品的让利促销活动
成长阶段	顾客熟悉或了解 销售量增加，利润上升	加大宣传力度 采用目标价格获取利润
成熟阶段	为大部分顾客接受 销售量稳定，继而缓慢下滑	降低价格，薄利多销
衰退阶段	销售量迅速下降，利润减少， 产品寿终正寝	接近成本价格出售，回收资金，转投其他产品

这四个阶段代表着产品从进入市场，被顾客接受，到最后淘汰出局的全过程。了解每种商品的生命周期，有利于带动师采取不同的推销策略，保证业绩不被影响。

三、如何获取带动师“资格证”

在《西游记》中，孙猴子要入主天庭，如来佛问他：“你凭什么竞争玉皇大帝这个岗位？”猴子说：“我的手段多哩！我有七十二般变化，不老长生之术。会驾筋斗云，一纵十万八千里。如何坐不得天位？”

任何岗位都有其相匹配的能力资格，玉帝之所以是玉帝，是因为他“自幼修持，苦历过一千七百五十劫，每劫该十二万九千六百年”。同样道理，带动师也不是谁想做就能做，更不是谁想做好就能做好的。

俗话说：“带人如带兵，带兵要带心。”带动师只有真正关心团队成员，才能赢得他们的充分信任和忠诚，才能高效、高质地完成管理工作，自己也才会有很好的职业发展前景。

那么，怎样做才能算是一个合格的带动师呢？这由多个方面的因素决定，包括素质和能力两大部分，具体为服务精神、影响力、学习力以及创新能力。

带动师的岗位资格证书上应当有服务精神、影响力、学习力以及创新能力的字样。

用雷锋精神服务团队

自1963年3月5日《人民日报》刊登了毛泽东“向雷锋同志学习”的题词后，雷锋就成了一种服务精神的象征，在人们的头脑中，想到雷锋就想到“把有限的生命投入到无限的为人民服务中”这句话。对于一个团队带领者来说，建立起为团队服务的信念是十分必要的。

沃尔玛高层领导王培有句名言：领导为员工服务，员工为顾客服务。在沃尔玛上上下下，有一个共同的理念，那就是把公司领导看作“公仆领导”。对此，王培的解释是，领导和员工之间是一个“倒金字塔”的组织关系，领导是员工的服务者，目的是让员工更好地为真正的老板——顾客服务。

同样的道理，带动师也要做团队的服务者，做“公仆带动师”，并且要像雷锋一样，真正做到不求回报。只有这样，企业和团队才能得到更多的回报。

秉承雷锋的服务精神，不是说出来的，而是做出来的。

1. 真心付出，关怀团队成员

- 自我培养服务团队精神，从小事做起。例如，每天为团队成员倒一杯水，这是服务精神的开始，是一颗种子，日久天长就会长成了不起的大树。
- 实施某些措施时，要多为团队成员着想。例如，露天促销，要为大家准备饮用水、遮阳伞等。
- 多为团队成员争取便利服务，例如为团队成员提供清洗工作服的内部服务等。

2. 勇于承担责任

当团队成员出现工作失误时，带动师要勇于承担责任。实际上，当同事出现工作失误时，也正是最需要关心、支持的时候。这时带动师应主动承担管理不力之责。实际上这对自己并没有多大的损害，反而会赢得团队成员的爱戴和忠诚。

培养振臂一呼应者云集的影响力

带动师是率领一个团队来完成工作的，只有赢得团队成员的忠诚，你才能真正建立自己的影响力。影响力是一种不依靠权力，凭借自己的品德、才能、知识、情感等个人素质对周围成员产生的自觉自愿追随的能力。

阿土伯是个地道的农民，拿出攒了半辈子的钱，参加一个旅游团出了国。他参加的是豪华团，一个人住一个标准间。早晨，服务生来送早餐时说道："Good morning sir!"阿土伯愣了，在家乡一般陌生人见面都会问："您贵姓?"于是他大声叫道："我叫阿土伯!"连着三天，那个服务生都说同样的话。

这个服务生也太笨了，天天问自己叫什么。阿土伯终于忍不住去问导游"Good morning sir!"是什么意思，导游告诉了他，天啊！真是丢脸死了。阿土伯反复练习这个词，某天服务生又照常来敲门，他赶紧大声叫道："Good morning sir!"与此同时，服务生叫的却是："我是阿土伯!"

就像阿土伯和服务生的对话一样，影响力的神奇之处在于它的潜移默化，比言传身教效果更好。带动师带动团队，不光是来自于权力，而是靠 99% 的影响力，再加 1% 的权力。

要想具备振臂一呼应者云集的强大影响力，带动师应当：

- 有主见，遇事沉稳冷静，不轻易下结论，也不轻易改变所下结论。
- 有正义感，秉持公正，一碗水端平，不能厚此薄彼。
- 勇于承担责任，能够保护团队成员。

带动师要在学习中不断成长

老鼠妈妈带领一群小老鼠外出觅食，正好撞到一只猫。小老鼠们都瑟瑟发抖，以为死期将至，却见鼠妈妈镇定自若，对猫“汪汪”叫了两声。

猫被吓跑后，鼠妈妈教育小鼠道：“看见了吧，这就是多学一门外语的好处。”

学习和发展连在一起，没有学习就没有发展，甚至连生存问题都难以解决！为了能好好活着，连老鼠都在积极学习外语，何况人呢？

世界上最优秀的销售团队，都在积极为员工提供学习的机会：纷纷拿出巨资，建立团队内部大学，培育成千上万的人才。销售团队也永远不会为缺乏新鲜血液而发愁。

1996 年肯德基在中国成立教育发展中心，每年为来自全国各地的 2000 多名肯德基餐厅管理人员提供上千次培训课程，被称为“企业里的大学”，也是他们为之骄傲的员工学堂。学习的投资，最终以利润的形式反馈出来，这虽然无法用数据准确表达，却并不影响这一因果关系的可靠性。

成功者要维持成功的状态必须持续不断地学习。作为员工要同企业一起成长，作为团队带动者更要不断自我充实，不能满足于拥有一技之长，最好还要有两技，甚至三技之长。对此要做到：

- 制定切合自身实际的学习计划，并贯彻执行。
- 设立阶段性学习目标，避免好高骛远、眼高手低的情况发生。
- 针对工作中出现的问题，随时进行学习。
- 向团队成员学习，古人云：三人行必有我师。

习惯创新，跟上创新时代的步伐

没有创新的人生，可能是十年如一日，但是现代社会并不给人这样的机会，环境日新月异，唯独你墨守成规，结果必定遭到淘汰。创新是大时代的要求，因为唯新时代已经不可避免地来临了。

全球第一运动品牌——耐克的口号是：我们是创新者，我们是运动员，我们是领导者。耐克产品总能成为“酷”的代名词，99%的功劳要归于耐克人的创新理念。只有拥有时代前沿的思想，才能有时代前沿的作品。

同样，对于一个带动师来说，有创新的精神才能有站在市场前沿的销售团队。从前人们凭借吆喝来吸引顾客，后来人们站在柜台后面守株待兔，现在人们又开始大刀阔斧地吆喝了，但此吆喝非彼吆喝，到街头看看，就知道那些吆喝加入了后来者多少时尚思想，这就是推陈出新了。

带动师培养自我创新精神需要：

- 永远不要满足现状，时刻考虑如何做到更好，使创新成为习惯思维。
- 勇于接受新事物，关注时尚前沿。例如，卖服装的人一定要知道当年流行色，通过时装发布会了解流行趋势等。
- 关注行业发展动态，多浏览与工作相关的报刊、网站、论坛。

下面是一个小游戏，不妨测试一下自己的创新精神是否令人满意：

游戏：美丽风景线。

游戏目的：了解自己的创新能力，锻炼勇于想象、勇于尝试的精神。

游戏方法：（1）将下面图片上的所有点用一笔连接起来（要赋予图案一定

的意义，不可随便连接）。

（2）可以让朋友也做一下这个小游戏，看谁的想象力更丰富，更富有创新精神。见下图：

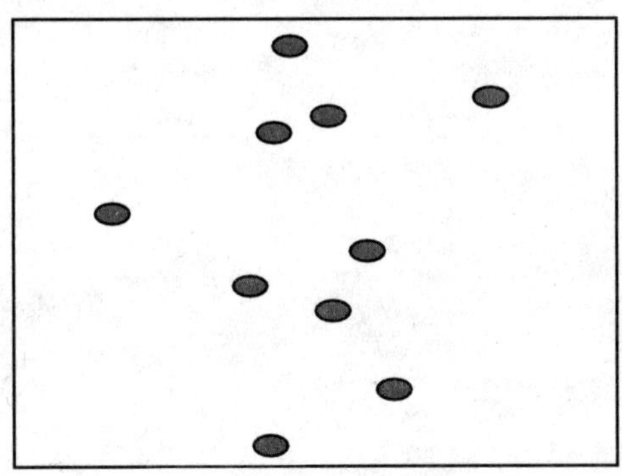

第二章
挥动鼓舞士气的指挥棒

让大家情绪高涨的秘方

三大方法打造团队信任感

“家庭型”团队改造跳槽习惯

众人同心，其利断金

一、让大家情绪高涨的秘方

在销售团队中，是否听到过类似这样的抱怨：工作让我郁闷透顶！每天起床想到又要工作我就感到绝望！周末是狂欢节，而周一到周五都是世界末日……即使有人没说出来，那无精打采的样子也表明他有多讨厌自己的工作。

既然你不喜欢，那就换个工作，找你喜欢的做吧！带动师当然不能说这样的话，因为带动师的工作是让大家热爱工作，而非丢掉工作。

“二战”期间，像很多犹太人一样，心理医生维克托·弗兰克尔被投入纳粹集中营，他相继失去妻子和孩子，自己也随时会像狗一样死去，美好生活瞬间变成炼狱。

某日，集中营里一名士兵发现维克托仍然戴着结婚戒指，那是他仅有的私人财产，也是与家人在物质上的唯一联系。那个士兵决定羞辱他，就把戒指从他的手指上摘了下来。

士兵没有看到想象中维克托的痛苦表情。维克托只是站在那里，什么也没做，就打败了对方。

在《人类对意义的追求》一书中，维克托写道，在那一瞬间他发现：人类最后一个自由是，在任何其他条件都无法改变的情况下改变自己态度的自由。

工作在大多数情况下都不是可以随意选择的，所以只能选择在工作中改变态度。在这样的前提下，带动师需要准备几个调整心态的秘方。

制订一个“选择态度菜单计划”

选择什么样的态度，就意味着有什么样的工作回报。人们深知态度的重要性，但对改变态度本身却非常慵懒，事实也证明，很少有人自动修正自己不积极的心态，可以说是有需求，没意识。

带动师不能因此就坐以待毙，当然应当做点什么来扭转局面。

可以借鉴《鱼》一书中提到的方法。一栋大厦，三楼是一个被称为“有害精神垃圾场”的部门，是全公司的笑柄。

某天早上，三楼贴了一张大海报，最上面写着：选择你的态度。中间则写着：一天的选择菜单。下面是两幅画：一幅是面带微笑的脸，另一幅是紧皱眉头的脸。

这无疑是改变态度的好方法，每天进入工作区时，每个团队成员都会看到这样的海报，然后很自然地在心里作出选择，或者是好的暗示，那么一天的工作都会保持一个好的态度。

心情好的人工作态度积极，受此影响，工作效率也得以提高。

当然，一张海报不能解决所有问题，所以《鱼》的主人公有如下叙述：

玛丽·简说：我们许多人忘记了自己有选择的能力。我们彼此之间必须相互鼓励，而且要共同努力发挥创造性和自觉性。如果你不知道自己有选择权，或不相信你有选择权，你就将真的没有选择。我们中的一些人有着非常艰辛的生活经历。要将“选择你的态度”变成这些人心灵深处的自觉观念实在不容易，还需要相当长的一段时间。

这说明，选择态度本身是一项长期的工作，带动师要让团队成员从无意识选择到有意识选择，最后到自然而然地选择，需要时间，也需要一些辅助措施。

《鱼》中，介绍了两种有效方法，它们分别是：

第一，我们为每个人购买了一本小书，书名为《个人责任》。读完后，我们将组织读书讨论会。如果进展顺利，我们随后还要讨论《顾客也疯狂》、《成功人士的七种习惯》、《同心协力》以及《很少有人走过的路》等几本书。所有这些书都能帮助我们理解选择一种态度的含义。

第二，我们已经为每个人准备了一份态度菜单，你们可以贴在办公室使用……玛丽·简看了一下自己的态度菜单。菜单分为两边，一边是一副苦脸，周围是“气愤、枯燥和痛苦”等字眼；另一边则是一副笑脸，旁边写着“精力充沛、支持、生动和创意”等词语。菜单上端写着：由你选择。

参照《鱼》给出的答案，带动师的“选择态度菜单计划”可以是：

• 制定一张可供态度选择的海报，作为选择菜单张贴在进入工作区的位置，注意保证团队成员每天都很容易看到。

• 如果需要，可以考虑为每个成员制作一张菜单，或者让他们自己制作一张具有针对性的个人菜单，张贴在工作区域内。

• 在每天工作开始时，要求团队成员互相提醒，关注态度菜单，并作出选择。这种督促，开始时须每天进行，直到成员将选择态度视为习惯行为为止。

• 条件允许，购买一本励志类书籍，可以在动力早餐（后面第三章第4节有介绍）时朗读，选择适当时间进行讨论，主题就是选择态度。

每日例行积极抱怨

有没有这样的体会，当自己遇到不快的事情时，就特别想找个地方大喊大叫，或者把愤怒发泄在一个无辜者头上。紧接着，胸口就不会发闷，不会觉得要炸开，心情顿时舒畅。

丹是个快乐的姑娘，服务于一家运动器材销售店，里面的每个员工都很喜欢她。因为工作间隙丹常常给大家讲笑话，店里经常充满了欢乐的笑声。

可是这天，丹一个笑话都没有。尽管她努力克制自己的恶劣情绪，还是忍不住对一位顾客发火了，这使她丢掉了维持五个月的星级员工称号。

真是糟糕透顶的一天！下班后丹既愤怒又伤心，她甚至想到了辞职。她沿着江边一条路走了下去，走到了一座大桥上，四下无人只有呼啸而过的汽车。丹对着江面大喊："我再也不想工作了！"

很奇怪，喊完之后她的心情立刻好了起来，并为自己的行为感到好笑，一切又恢复了正常。

其实在生活中，这样的事情很多。例如，乘车上班途中，新买的鞋子被踩上了肮脏的脚印或者不得不忍受对面乘客不文明的行为等，虽然都是小事，却很容易毁掉员工一天工作的好心情。

带动师既然要服务员工，就要关心员工，组织大家在工作前说出自己的烦恼，当然是用抱怨的方式，要点是要大声！

积极抱怨的具体执行步骤：

● 召集员工，首先带动师做一个“抱怨”表率。

注意这个抱怨最好能起到正面的作用，例如：我讨厌周末，因为总有洗不完的衣服！

● 然后让团队成员抱怨他们想抱怨的事情，并鼓励那些心中藏有不快的人，大声讲出自己的烦恼。

这样，那些踩鞋子之类的小事情所形成的不良影响就会被消除，坏心情得到发泄，工作自然变得轻松愉快。

研究表明，积极的抱怨可以排解人们80%的坏心情，令人烦恼的事情如果大声讲给别人听，通常情况下烦恼会不翼而飞，困难也会迎刃而解。

但是，这样无异助长了大家抱怨的热情，所谓积极抱怨，是要在抱怨的同时，减少抱怨情况的发生，这里有个方法可以帮助带动师达到这个目的。

抱怨ABC记录消减法：

● 让团队成员准备一本抱怨手册，可以每人准备一本，也可以大家共同使用一本。

● 要求每人每天在手册上记录三件事，其ABC模式为：

A：不愉快的事件。

B：因此产生的念头。

C：发生的后果。

这本手册可以要求不对外公开，但每个人必须认真记录，这样他们就会发现，很多事情根本不值得生气、抱怨，如果换个角度想，根本没有什么了不起的。久而久之，抱怨自然会减少。

担当快乐角色

人们喜欢对着星空幻想，或者在梦里给自己另一个全然不同的身份。在内心深处，几乎每个人都为自己设置了一个理想角色，他们希望能变成另一个人，以另一种角色心态生活，只是现实往往不给他们这样的机会。

问答类节目刚开始在各个电视台流行时，参与答题的选手都有机会给自己起一个绰号，这种绰号的魅力在于它的随意和无限制性。选手们可以跳出自己的生活圈子，选择理想中的角色。这正如现在极具个性的网络代号一样——在虚拟世界里扮演自己梦寐以求的角色，长久以来人们都乐此不疲。

带动师也可以让团队成员选择角色。要说明的是，所选的角色必须是正面的、积极的、快乐的，最好能与所销售的产品或是企业文化联系起来。

比如一家出售儿童玩具的店面，带动师可以安排类似下面的角色：

玩具店的备选角色

角　色	角色应表现出的性格特征
海绵宝宝	天真快乐
大力水手	勇敢乐观
阿猫阿狗	关心体贴伙伴
蜡笔小新	出其不意给大家带来快乐
野猪蓬蓬	善良并且有一副热心肠

每个员工可以根据自己的兴趣爱好选择一个角色，一旦选择，在工作中就必须体现角色积极乐观的态度，并且互相以角色名字称呼。

这样的好处是，工作成了一个有趣的角色游戏，可以很好地提升大家的工作热情。当然，团队成员完全可以为带动师找个合适的角色，例如一些倒霉的、常常出糗的家伙。因为在大多数拥有积极工作气氛的团队中，领导者应当主动承担起笑柄的角色，至于回报，那将是一个积极进取、群策群力的团队。

那么，带动师可以从几个方面选择合适的角色：

- 中外历史人物，例如，骁勇善战的拿破仑、为自由而战的华莱士、男扮女装的圣女贞德等等。
- 小说中的人物，像大家都比较喜欢的武侠小说，如令狐冲、陆小凤、西门吹雪、叶开等等。
- 电影中的人物，可以以某部电影为主题，比如，《猜火车》中几个叛逆的年轻人，或者《两杆大烟枪》中运气不错的小子们，抑或《武士》中性格鲜明的武士们等等。

- 电视剧中的人物，也可以选择某部的电视剧为主题，例如，《武林外传》中同福客栈中的佟掌柜、白展堂、秀才、李大嘴、郭芙蓉、莫小贝、燕小六等。
- 运动健将，拿最具吸引力的足球来说，可以是贝克汉姆、劳尔、罗纳尔多、卡卡等。
- 游戏中的人物，像《古墓丽影》中的劳拉之类。

另外，为了让大家更投入自己的角色，可以定期举行一个“最优角色”评选活动，那些表现最好的员工将得到一定的奖赏，从而提高大家对角色的热情。

二、三大方法打造团队信任感

大家都在说信任，信任到底是什么呢？很简单，信任就是相信他人的言行举止是好意，能够反映出团队内部人与人之间的关系，而这个关系的重要性超过了人和企业自身的重要性。

团队成员间信任指数测试：

（1）在工作中遇到困难，一般不会找同事帮忙。

（2）不找同事帮忙的原因是，不认为他们愿意真心帮助自己。

（3）当同事受到领导表扬时，不认为他真的比自己做得好。

（4）如果同事中有人离职，认为是常规事件，不会感到失落。

（5）在工作场所，从不吐露自己的想法。

（6）在同事面前，从来都避免谈论自己的私事。

（7）认为所有同事之间总是这样的关系，因为工作而认识，不互相得罪也不过分亲近，仅此而已。

（8）如果需要小额借贷，从来不会考虑同事，宁愿到老板那里预支工资，尽管不一定预支到。

（9）团队中总是流行某个人的流言，大家对此心照不宣。

（10）自己最喜欢的东西不会拿给同事看，害怕他们借走。

（11）老板偶尔批评几句，第一反应是某个同事背后打了小报告。

（12）从不将工作上的细节告诉同事，万一问到就含糊其辞。

十二道题目中，如果有五道以上答案为肯定，那表示个人对团队或工作伙伴缺乏应有的信任，如果肯定答案达到八个或以上，那表示个人对团队或工作伙伴严重缺乏信任。

没有信任度的团队是 1 +1 <2 的团队，而彼此信任的团队，则是 1 +1 > 11 的团队。可以说，相互信任是一个团队区别于群体的最关键因素，也是决定团队是否能创造高业绩的决定因素。

信任是高效团队的基石

有个石匠练就了一项高超本领，他可以在不伤害对方身体分毫的情况下，用斧头斩去落在对方鼻子上的灰尘。地方官听说后，就请他去表演。石匠先是在砖瓦匠的鼻头上洒了细细一层灰尘，只见砖瓦匠轻轻闭上眼睛，气定神闲地站在那里等待锋利的斧头。表演又一次成功了！石匠干净漂亮地清除掉砖瓦匠鼻头的灰尘，并因此得到丰厚的赏赐。

若干年之后，新的地方官上任，听说了这件奇人异事，再次将石匠请去表演。可石匠却摇头说他不能表演了，地方官以为他丧失了从前的技艺，石匠却摇头说，他的斧头还和从前一样快，一样准确无误，只是砖瓦匠死了！

为什么砖瓦匠死了石匠就不能表演了呢？因为只有砖瓦匠能百分百信任他的技术，能坦然站在那里等待利斧。换作别人，因为彼此不具备应有的信任，站在那里的人难免怀疑自己的鼻子将被砍掉，脑袋里充斥着鲜血淋淋的场景，禁不住手脚发冷，浑身打战，试问在这种状况下表演还能成功吗？当然不能！

拥有信任的团队也拥有 1+1>11 这个公式。

把石匠和砖瓦匠看成一个小团队的话，互相信任是他们成功的首要条件。《第五代管理》的作者查尔斯 · M. 萨维奇认为：怀疑和不信任是公司真正的成本之源，缺乏信任的团队也必定是一个低效率高成本的团队。

带动师作为团队领导者，就必须让成员间建立起相互信任感，这需要几个支持因素：

● 诚实。这是团队成员保持良好信任度的基础，不能彼此以谎言相待。

● 可靠性。做个可靠的人，必须履行承诺，说到就要做到，否则就不要说出来。

● 在会议和日常工作中协作。这包括互相取长补短，最好形成“你做事我放心”的默契。

● 保密。对那些出于信任而泄露的私人秘密，听者有义务守口如瓶。

一般来说，信任一个人需要若干年的时间，但是在一个销售团队中，严峻的形势要求带动师在短时间内构建互相信任的氛围，这就要借助一些有效方法。

“借眼睛”游戏快速建立信任感

人最相信的是自己看到的事实，所以人们习惯依赖眼睛。如果在特定环境下，一个人不得不借用别人的眼睛来维持自身的安全，那会怎样呢？

游戏如下：

地点：可以选择任何一个宽阔的空间。

道具：椅子、水盆或任何形成行走障碍的东西。

方法：

（1）让一个员工蒙上眼睛。

（2）其余人将椅子和盛满水的水盆错乱摆放。

（3）蒙上眼睛的人选择任意一个伙伴担当自己的眼睛，在同伴指导下绕行障碍物。

（4）在这个过程中，旁边的人可以进行干扰，故意指出错误的方向。如果这时行走的人不能充分信任选择的伙伴，那将要付出惨重代价。

这个游戏使用范围广泛，无论团队成员间是否有信任基础，都可以通过这个游戏提高彼此信任指数，并体会到信任他人所带来的安全感，以及怀疑伙伴的悲惨后果。

我的眼里尽是你的优点

每个人都有自身的优点和缺点，优点使人变得可爱，缺点则恰恰相反。时常想想别人的优点犹如走上一条双行道，对于提高想和被想者之间的信任指数都大有帮助。

王双在一家超级市场做收银员。

刚开始工作的时候，她总是表现得笨手笨脚，点钞速度慢，对大小面额的换算还很迟钝。100张5元的和50张10元的货款，点数完毕后，她总要花好几分钟的时间计算总值，并且经常算错。更要命的是，在工作中常常收错钱，有一天结账后竟然发现实际钱数同账面数额差了100多元，还收了一张假钞。

王双觉得自己再也不能干下去了，一天赔上200元，月底她得向公司交钱了。她找到小组长，吐露自己的想法。

小组长听了很不以为然，并说："刚开始大家都是这样，你觉得自己不适合做这个，但我却认为你很可靠，如果有什么关于现金的事情交给你办我反而很放心。"

王双非常惊讶，她没想到自己做得这么糟糕，还深受小组长信任，于是重打精神，决定坚持到底，把工作做好。

通过这个案例可以看出，看到别人的优点可以增加彼此间的信任。

- 对于王双来说，小组长认为她很可靠，暗示了一种难得的信任；反之，王双对小组长在感激的同时，也予以加倍的信任。

- 对于组长来说，比起王双适应力慢的现状，他更看重她可靠的性格，信任她是一个有发展空间的员工。

王双和小组长之间的相互信任就这样建立起来了。同样，带动师可以让团队成员以彼此说优点的方式，建立团队成员之间的信任感。

具体方法是：

（1）可以每天指定一位团队成员，或者干脆是当天的值日生。

（2）然后由团队其他成员轮流讲出这个人的优点。

W. 斯维先生说过：两个互相有好感的人更容易建立坚实的信任关系。而说出别人的优点，当然会增进好感。

巧组“责任拍档”

相信任何人都不喜欢孤军奋战的感觉，因为人是具有社会性的。在实际工作中，无论需不需要工作上的协作，都可以在精神上建立协作关系。

比较简单的方法是将团队成员分成两人（或多人）一组，最好是团队成员在自愿的前提下找自己最信任的伙伴做拍档。

在电影《新警察故事》中，荣警官在贼窝接受几个不良青年的技能性挑战，失败则要搭上自己组员的性命。这实际形成了一种责任拍档，其特殊规则在于：荣警官失败的代价是组员的生命，而并非自己的。为了救下同伴，荣警官拼尽十八般本领，尽管最后还是失败了。

电影中的片断给了我们启发，因此责任拍档小组的运行规则可以设定为：

- 如果需要，在工作中进行小范围分工合作，取长补短。
- 如果没有协同工作的需要，拍档要彼此监督对方工作状况，如果一方遇到困难，另一方有义务为其解决。
- 拍档不对自己的工作负责，而要为对方工作负责。也就是说，如果一方出现差错，另一方将代替惩罚。当然，奖励也是一样。

通过特殊的规则，达到建立拍档小组的目的，那就是认识信任的真实含义：信任不仅是相信，还是一种责任。

任何团队成员都必须明确，维护信任的最好方式是努力做好自己应做的工作，这样才不会连累信任你的拍档，也不会失去拍档珍贵的信任。

三、“家庭型” 团队改造跳槽习惯

2006 年 5 月 10 日，韬睿咨询公司最新的全球人力资源管理调研结果显示：只有 8% 的员工被认为具有高敬业度。而且在这部分员工中，只有 41% 的人打算留在现在的企业中，49% 的人表示愿意接受其他企业的聘任或正在寻找新的就业机会。

用“第二家庭”来拯救跳槽危机

这是一个跳槽的时代，员工对团队的忠诚度几乎丧失殆尽，但对于一个团队来说，忠诚和非忠诚却有着十万八千里的差别。

任何团队都希望成员有颗忠贞不贰的心，而且很多成绩优秀的团队都在做这方面的努力。

忠诚与非忠诚对比

忠　诚	非忠诚
团队凝聚力强	销售队伍不稳定
能够与团队共患难	只想共荣不愿共辱
能为团队着想	成员紧盯个人利益，常损公肥私
能最大限度地尽职于自己的岗位	人才流失严重

马来西亚槟城的希捷实业公司让日工资为10美元的马来西亚员工飞往美国学习如何操纵最新机器人的技术。摩托罗拉菲律宾公司给员工相当于基本工资的50%的福利。设在中国的朗哈斯公司则为员工提供高额住房补贴。

总的来说，忠诚度的培养最关键的有四个方面：

- 为团队成员提供发展机会。
- 给团队成员与其贡献相匹配的薪酬。
- 提供适当的福利支持。
- 让团队成员对团队产生归属感。

在四项内容中，对前三项带动师只能施以影响，而且效果也不会很好，决定因素在老板。带动师能够发挥才能的地方只有第四项——让成员对团队产生归属感。

从一家公司跳到另一家公司容易，从一个家庭跳到另一个家庭却非常困难。

归属感很难进行定义，简单讲就是类似家的地方，是一种情感寄托。除了家庭，工作团队是人们花费时间最多的地方，通过日久天长的磨合，人们有理由对这个团队产生感情。

但团队毕竟是团队，可以把它看成是“第二家庭”，但两者也有很大区别：

- 家庭有父母妻儿，用亲情连接，束缚力强。

  团队是上下左右的协作关系，最根本点用利益关系连接，束缚力比较弱。
- 家庭往往能带给人甜蜜和快乐，是释放压力的所在。

  团队则意味着永无休止的工作，还要常常“听狗叫，看驴脸”。
- 一个人可以一力承担一个家庭，并创造和培养下一代。

在团队中，劳苦常常，却未必功高。

所以团队要成为“第二家庭”，就必须在自身优势基础上结合家庭特质，具体抓住三个关键词，即关心、快乐、成就感。

关心成员应“公私不分”

人们回到家庭寻找归属感，往往是在感情脆弱，需要关怀的时候。同样，团队也可以扮演关怀者的角色，这就要看带动师怎么做了。

QAD亚太区董事经理叶冠峰说，关心员工要体现出一定的灵活性。他说QAD中国区有一个员工，有一段时间身体非常不好，他就提出辞职，因为在一般的外企好像只能这么做。叶冠峰听后就对他说：“你不要辞职。”在和缪青（QAD中国区总经理）商量了之后，叶冠峰给这个员工安排了休假，之后还安排了相对自由的工作时间，准许他在家上班，和公司保持着网上联系，直到他把身体养好。

团队中的关心，跟家庭中的关心在方式上有很大不同，但立足点相同。案例中的叶冠峰不但关心员工工作，更关心员工生活，特别是个人健康问题。生活中恐怕没有比健康更重要的事情了，受此“恩惠”，这名员工自当肝脑涂地。

由此可见，带动师对团队成员的关心主要体现在两个方面：

（1）关心团队成员的工作。

例如：团队成员在某个工作环节出问题时，要主动进行指导帮助，而不是指责。

（2）关心团队成员的生活。

由于东西方文化的差异，西方人将自己工作以外的生活视为隐私，同工作严格区分开来，所以西方老板不会问自己的员工是否已结婚，是否有小孩等；但中国完全是另一回事，如果主动询问员工生活问题，像是父母身体状况之类，员工会觉得受到了莫大的关怀，这是由中国的国情所决定的，就连国家领导人下访，不也以能拉家常为平易近人之楷模吗？

带动师从工作上帮助团队成员的机会比较多，如果有机会，更要在生活上尽绵薄之力，至少可以发挥众人拾柴火焰高的热情。况且，对于那些生活上的帮助，大家会感受到团队浓厚的人情味，从而对团队鞠躬尽瘁。

关心团队成员生活的切入点是：

- 健康问题。不但是成员本人的健康，也包括父母、妻子（丈夫）、孩子的健康状况。
- 衣食住行。可以偶尔聊聊用什么油烹调更健康，或者是购买什么样的家电等等。
- 生日。为过生日的团队成员悄悄送上祝福或蛋糕，这是关心的最好体现。
- 生活大事件。例如婚姻、乔迁新居、喜得贵子等等。
- 生活困难。最常见的就是经济问题，像是家人住院，需要大笔手术费时，可以发动群众，帮助其渡过难关。

挖掘团队快乐的小点子

人们下班急于回家，是因为家是个轻松快乐的地方。而导致许多人离开家庭的原因也是因为家失去了原本的快乐，成了痛苦的源泉。同理，快乐的团队才能吸引员工投入热情，做到高效多产。反之，不但谈不上高效，恐怕连人才也留不住。

2005 年 7 月，微软前全球副总裁李开复转投 Google，担任其全球副总裁及中国区总裁，这一举动不仅引来微软的大动干戈，也让业界人士深感震惊。当被问及跳槽原因时，李开复回答说：“很多人说 Google 花了钱让猎头公司来找我，其实没有这回事，是我自己找 Google 的。因为我想回中国，而且我听说很多朋友到了 Google 都非常快乐。”

法国哲学家伏尔泰说：工作是美好的，它可以使人避免陷于三大罪恶——无聊、恶心与窘困。而且“忙碌的鸟儿没有时间烦恼”，集中精力工作本身就是巨大的乐趣，只是人们难免把注意力放在它的负面反映上，例如，疲劳。

世界上成功的企业都在想方设法让员工快乐起来。良好的福利待遇、人情味十足的工作环境、足够的晋升空间以及轻松自在的气氛都可以让团队充斥快乐。作为团队的带动师，一时半刻可能无法建立一种快乐的团队文化，更无力于薪酬待遇方面的调整，但这并不意味着束手无策。至少，带动师可以采取一些使团队快乐起来的小点子，例如：

（1）在工作间隙轮流讲笑话，做脑筋急转弯等，制造快乐气氛。或者干脆订阅一份《幽默大王》之类的刊物，也可以让团队每个成员轮流出节目。

（2）如果团队某成员工作表现不好，尽量用幽默的方式进行纠正。切记要给予足够的尊重，这可是快乐的前提。

（3）规定每个成员互相打招呼，互相微笑，使之习惯成自然。

协助业绩提升，获得成就感

家庭成就感可能是美满的生活，也可能是下一代。在工作中成就感往往来自于业绩，但带动师在这里要做的是让没有取得重大业绩的人也拥有成就感。

在一个偏远的山区，有个小小的邮递所，这里只有一个工作人员，工作量也很少，一个星期平均向周围的 8 个村庄递送 10 封信。

但是在邮递所的墙壁上，写着一行感人至深的话：每周你至少能给 3 个家庭带去幸福，一年就制造了 156 个幸福家庭！

据说这是第一代邮递员写下来的，为的是鼓励后来者守好这份孤单的工作，现在小邮递所的递送数量每周已经增加到 10 封，也就是说一年可以制造 520 个幸福家庭！

本来这是邮递员的本职工作，但即使是本职工作，也应当树立成就感。想想，那么多次为人们带去幸福，不值得骄傲吗？

针对这一点，带动师可以做的是：

（1）让团队成员把每天固定工作量写在纸上，一天完工后大喊：我完成了今天的工作！（可以根据工作性质具体一些，例如：我卖出了××件T恤等。）

（2）如果哪位团队成员超额完成任务或者有突出表现，带动师必须在当天进行表彰，哪怕只是口头形式。

（3）可以把当天超额完成任务者列到每日业绩光荣榜上，使成员不但有成就感还有荣誉感。

试想，一个被关心、能快乐，且可以收获成就感的团队，谁不留恋呢？一旦团队成员把自己的团队视为第二家庭，会想方设法为团队作贡献，并在感情上维护团队，这也是作为个体的成员对团队忠诚的最好体现。

需要注意的是，带动师不要企图建立那种至死不渝的忠诚。对于处于雇佣关系的企业团队来说，利益关系是第一关系，所以团队首先对组织成员有所付出，才能收获一定量的忠诚，这是团队中的黄金法则。

四、众人同心，其利断金

小小的蚂蚁可以制造出令最优秀的设计师都自愧不如的地下宫殿；大雁可以排成一字阵或 V 形阵在空中飞行万里；狼群则可以依靠团队的力量扑杀最凶猛的野兽。

之所以这样，是因为这些动物有一点可贵精神——团队合作。在世界 500 强的企业中，有超过 1/3 的企业在网站中宣称将合作视为核心价值观，但实际上只有很少的企业真正理解和在行动上支持团队合作。大多数团队领导者对建立合作团队，都存在一厢情愿的尴尬局面，导致了强制性合作的恶果。

强制性团队合作 VS 单干

将一个任务分派到某个团队，企图用这样的方式让员工手挽着手朝共同目标奋斗，可惜由于团队本身的粗糙和强制性特点，这样做不但不会产生积极的效果，相反会造成很多负面的影响。

● 团队成员产生集体虚伪感。团队以及团队合作没有任何实际意义，只是个毫无用处的口号。团队合作，堕落成形式主义。

● 理论上无私，行动上自私。原因是团队成员对如何合作，如何服务团队一无所知。

社会分工的细密程度决定了合作的细密程度。

这样的团队，比之“鸡肋”更加糟糕：食没有滋味，丢掉更是毫不可惜。

可是，大家都知道三个臭皮匠顶个诸葛亮的道理，为什么不能积极重视团队合作呢？因为对比合作，单干有自身的好处：

● 不必勉强自己同别人步调一致，有更多的自主自由性。

● 可以完全按照个人习惯行事，工作舒适度更高。

● 不会受到莫名其妙的牵连，只对自己的工作负责，效果可控性强。

所以，大多数人不排斥团队合作，但如果可以选择，都宁愿单干，因为人们认为独立工作会有更高的效率。

只是这个时代，个人英雄主义已经过时，团队合作成为一种全新的竞争力，对绩效所起的积极作用不可小视。为了有一个和谐能干的团队，领导者必须想方设法在团队成员间普遍建立合作精神，当然，这也是带动师的重要任务。

建立合作精神的经典步骤

大厦非一日建设完成，合作精神也不是喊一个口号就能在团队中扎根的，这需要一个循序渐进的过程，步骤如下：

（1）建立信任感。

关于这一点在前一章节中已经做了具体阐述，在此不多言。

（2）鼓励良性冲突度过合作磨合期。

所谓冲突，就是团队成员在相互合作时，就方式方法、工作习惯、观念认同等产生的摩擦。主要表现在团队合作初期，也被称为合作磨合期。

既然彼此摩擦不可避免，那不妨以积极态度对待冲突，将磨合期的时间压缩到最短，对此，有效方法就是——鼓励冲突。

鼓励冲突的两个具体方法：

● 要求开会议。

就是组织合作者开内部小型会议，让合作者互相提出要求。注意，带动师要为这类会议建立真诚、坦率，以最优合作为目的的基调。

例如，A、B 是合作者，B 电话频繁，怪异的铃声经常影响 A 的思路，A 就可以开诚布公要求 B 把电话调成振动。

- 将隐藏冲突摆上桌面。

在很多情况下，人们碍于人情世故，总是不愿意当面指出合作伙伴的不足，毕竟低头不见抬头见。在这种情况下，带动师就要发挥角色优势，找出那些蓄意隐藏的冲突，摆在桌面上让大家讨论解决。

在合作团队中经常出现这样的情况，有一个成员经常迟到，而且该员工恃才傲物，对迟到这样的小事很不以为然。合作伙伴可能要在技术上依赖他的才能，所以对其不满只能隐忍不说。这时带动师不妨把大家不愿说的话说出来，直接将问题交给迟到员工，让本人意识到自身行为不当。

（3）主动承担责任，加固合作意识。

一个团队合作完成一个任务，可能因为某个人工作疏忽，导致全盘失败，这种人通常被称为“害群之马”。如果这匹“马”不及时站出来承担责任，而是极力找出理由，推卸责任，那么整个团队将对合作失去耐性。大家会想：还不如自己干自己的呢，省得被那个家伙拖累！

这是许多合作不能在团队很好实施的重要原因，要解决这个问题需要：

- 当害群之马没有站出来时，带动师要主动承担责任，因为大多数情况下，犯错者只是缺乏勇气，而带动师承担责任还能收拢人心。
- 带动师要将责任明晰化，对团队成员区分绩效，不要因为一个人的失误而将一船人的努力抹杀。
- 对于主动承担责任的犯错者，要予以表扬性惩罚。比如：先肯定他勇于承担的英雄气概，然后对其失误略施小惩，目的是避免同样的错误继续出现。

有效促进团队合作的小游戏

游戏是大家喜闻乐见的形式，通过游戏的方式培养团队合作精神常常事半功倍。要学会在工作中合作，首先要在游戏中学会合作。

促进团队合作的游戏。

游戏一：超级袋鼠。

地点：任何空间宽阔的地方。

道具：细绳、带包装的零食（或是其他小物品）。

方式：(1) 每4人或5人一组，并用细绳子将合作者的腿捆绑在一起成为一只“袋鼠”。

(2) 将零食摆在一边，“袋鼠”们在另一边。

(3) 以组为单位，进行竞赛，在规定时间内搬运最多零食的“袋鼠”胜出，并获得搬运的零食。

游戏二：孕妇过河。

地点：任何空间宽阔的地方。

道具：椅子（数量按参与人数决定）。

方式：(1) 用粉笔在地上虚拟出河界，越宽越好。

(2) 3~4人为一组，每组选一位充当孕妇，其余人在河界上挪动椅子，帮助孕妇过河。

(3) 孕妇的脚绝对不能落地，否则重新开始。

(4) 所用时间最少的小组胜出。

游戏三：心有千千结。

地点：任何空间开阔的地方。

道具：无。

方式：(1) 将团队成员编成8人一组站成一个圆圈，人数可以更多，但必须是双数。

(2) 每个人伸出右手握住站在对面人的手，左手则握住其他人的手。注意：不能握同一个人的，否则会变成死结。

(3) 在不松手的情况下，运用集体的智慧，解开这些结。结果可能是一个圆圈（有些人是正面，有些人是背面），也可能是两个圆圈。

备注：在玩游戏的时候，可以放活跃气氛的音乐，增加游戏的娱乐性。

游戏是对工作的一种积极调节，带动师可以查看相关资料，多搜集几个促进合作的游戏，交替使用。

第三章
精神激励，用心不用薪

赞赏：发给新员工的信心种子

用危机感刺激老员工懈怠的神经

不同时期的不同激励策略

三份廉价高效的激励菜谱

如何让团队成员“闻声而动”

一、赞赏：发给新员工的信心种子

销售团队的流动性一般比较大，人员进进出出是再平常不过的事情，因此带动师面对新员工的机会就比较多。

一个新人来到新的环境，面对新的业务，在熟悉和适应的过程中就会不断犯错误，随之而来的是挫折感和受损的自信心。

针对这一阶段性特征，带动师应采用赞赏这一激励策略。

运用正面激励——赞赏

有位家庭主妇给客人端上米饭，客人称赞说："这米饭真香！"主妇兴奋地告诉客人："是我做的。"客人吃了一口，又说："怎么糊了？"主妇的脸色骤变，立刻解释道："是孩子他奶奶烧的火。"客人又吃了一口，叫道："竟然还有沙子！"主妇又回答道："是孩子他姑姑淘的米。"

看看这位主妇，对赞赏爽快地接受，对于指责却千方百计地推托。这倒不是因为主妇虚荣，而是人类对赞赏的天性渴望，以及对指责的本能厌恶。

心理学家说：“赞赏实质上是对一个人价值的肯定，而得到了你肯定评价的人，往往也会怀着一种潜在的快乐心情来满足你对他的期待。”这在心理学上，被称为“赞赏效应”。赞赏可以使团队成员身心快乐，树立充分的信心，属于正面激励范围，并被人们称为“最美丽的激励方式”。

一分耕耘，没有收获；一分赞赏，十分收获。

有个小偷被捕了，警察拿着一叠作案现场的照片给他看。小偷一张张翻过，并随口说：“这个是我干的，这个不是。”

警察很奇怪：“你的记忆力这么好？”小偷说：“不，因为我偷完之后，都会收拾得非常整齐。这是我的风格。”

有个作家知道这件事情以后，表示：连作案都这么有个性，如果去做别的肯定会更好。

数年后作家到一家环境幽雅的餐馆吃饭，出来接待他的正是当初那个小偷，而小偷也正是因为作家的一句话才决定洗心革面的。

只不过是简简单单的一句话，却给了小偷重新开始人生的信心。简单的话变得不再简单，这就是赞赏的妙处。

在一次民意测验中，针对新员工第一个月的工作情况列出了四个选项，被测者可以根据自己的意愿选择最想得到的东西，最终结果显示：

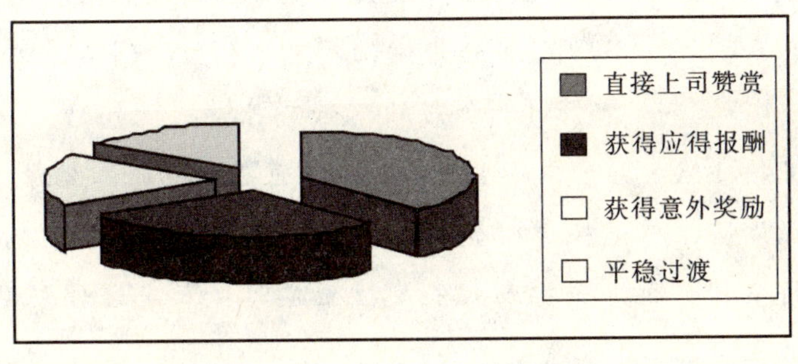

选择得到直接上司赞赏者	38.3%
选择获得应得报酬者	28.7%
选择获得意外奖励者	17.5%
选择能平稳过渡者	15.5%

显然，新员工对赞赏的渴求度非常强烈，急切希望别人肯定自己的工作。针对这一情况，带动师可以扮演“雪中送炭”的角色，需要赞赏，就给予赞赏，这是无本而暴利的买卖，何不做做呢？

阶梯式赞赏的持续效应

有个毕业生通过过五关斩六将式的面试，终于被一家公司录取为销售员。但是在开始的工作中极其不顺利，一个月下来路没少跑，话没少说，但业绩却很不理想，还搞丢了公司两单大生意。

销售员沮丧至极，找到人事部经理提出要辞职。

人事部经理没有表示失望，也没有表示吃惊，只是和颜悦色地说：你不要辞职，我愿意给你时间，也愿意提供所有能提供的帮助，因为我觉得你行。

新员工第一阶梯：相信自己可以做。

当新员工挫折感太强，怀疑自己对工作胜任能力时，带动师一定要反复告诉他：你行！不必多言，只要拍拍他的肩膀说这两个字就可以。

销售员听了人事经理的话，当即眼泪都要流出来了。于是他把辞职信丢进抽屉，认真反思过去一个月工作中的教训，并仔仔细细制定了相应的销售计划。

经过一个月的艰苦奋斗，尽管销售员比任何人干得都努力，但业绩还只爬到了中等水平，并没有自己预期的那么好。

销售员很惭愧，总是躲着人事经理，可人事经理却主动找到他，祝贺他：小子，你干得不错，再加一把劲就能超过他们了！人事经理朝销售员捏着拳头，销售员也在自己心里攥紧了拳头。

新员工第二阶梯：相信自己能做好。

适应了工作，能做好分内的事情，只是完成了岗位的基本要求。带动师要通过进一步的赞赏，使员工向更高的目标迈进。这时最简单的方法就如上面人事经理一样，对新员工已有成绩表示赞赏，新员工自然而然会快马加鞭。

到第四个月，销售员的业绩果然名列三甲，他高兴极了，专门请来人事经理，准备说一番感激的话。

没想到人事经理却说："知道当初我为什么不放你走吗？你想，公司招聘时有五十多个毕业生来应聘，最后我把你留下了。如果你干不好，不就证明我的眼光有问题吗，上上下下都看着，叫我以后还怎么在这个位置上混？你不甘心，我更不甘心，因为我相信自己是最好的，我挑出来的人又怎么能不好呢！"

销售员听了倍加感动，心想：我不但要做好，还必须做得更好，一定不能让大家看笑话！

新员工第三阶梯：相信自己有能力做得更好。

对于在短时间内成为团队头号角色的成员，带动师的进一步赞赏需要注意策略性。上面例子中人事经理通过对自己的赞赏来实现对销售员的赞赏，同时激励起销售员进一步的斗志。

带动师虽然不一定直接使用这一经验，但可以变换一下角色。比如，可以告诉新员工在他身上看到了某某主管的影子，当初某某主管就是从小兵干起的，到现在位居高职，出有车，住有房……总之，给一个更高目标就达到目的了。

运用进化式赞赏

赞赏本身也像生命一样，需要进化。开始是带动师在赞赏，后来是员工有意识地自我赞赏，这样赞赏就完成了一个由他助到自助的过程。

周平是位资深培训师，丰富的培训经历给了他很多有价值的启发，而这些启发也促使他不断改良培训方式。比如，对于新员工的培训，他不但要求企业安排新员工

接受培训，还要求直属主管接受同期培训。

新员工培训即岗前培训，而直属主管接受的培训是如何管理新员工，其中一项重要内容就是“如何赞赏新员工”。周平的培训目标是：第一步要让直属主管学会赞赏新员工；第二步则要求直属主管培养新员工赞赏自己的能力，使赞赏从新员工进入团队第一天起，就深植体内。周平认为，这是一个让团队一劳永逸的模式，可以让企业从“赞赏”这一个小内容上，获得最为长久的回报。

完成由他助到自助的转变，具体操作方法如下：

（1）他人赞赏。

在上面的阶梯式赞赏中，带动师一直担当赞赏者的角色，对于新员工来说，这就属于他人赞赏。

这种赞赏的优点是新员工能够不断得到他人的肯定，缺点是对带动师依赖性很强，如果一时照顾不到，就有前功尽弃的危险。

（2）自我赞赏。

自我赞赏是在他人赞赏的基础上进化得来的，同时也弥补了他人赞赏的缺点。当带动师引领新员工逐渐走上正轨后，就要让他们自己学会赞赏自己，不断进行自我激励。

- 自我赞赏的方法很简单，带动师可以在进入工作区的地方挂一面镜子，一方面给员工整理着装；另一方面让员工对自己进行赞赏。
- 可以让员工每天照镜子时，都赞赏自己一下，可以说出来，也可以不说，这是每天都有饱满信心的好方法，也是有效的心理暗示。

赞赏的有效技巧

赞赏并不是恭维，也不是一味说好话，有效的赞赏需要有效的技巧来支持。平时常说某人很会说话，那是因为这人掌握了一些赞赏的技巧。

赞赏的有效技巧具体是：

（1）真诚。

新员工需要带动师的及时赞赏，但前提是这赞赏必须真实可信，否则就会起到相反的作用。

例如，某个新员工第一天上班就犯了重大错误，你却赞赏他今天干得不错。本意是鼓励，但对方却感觉被挖苦。这时真诚的赞赏应该是：别担心，我知道你不是故意的，你本来能做得很好的，不是吗？

（2）赞赏的内容应被对方所在意。

只有赞赏别人在意的地方，赞赏的效果才会体现出来，比如，赞赏老人家身体硬朗，赞赏小朋友腿脚伶俐等。相反，如果赞赏年轻人牙齿坚固，就不会有什么作用。

对于新员工来说，最在意的也是带动师最应当赞赏的是：

- 适应能力强，例如，状态进入快，上手快，心态好等。
- 工作努力，比如，干活很主动，专心投入，早到晚走等。
- 创新能力强，像是头脑灵活，新想法、新点子多等。
- 具有潜力，偶尔提出有建设性意见，具有行业敏感性之类。

而在一般情况下，对新员工赞赏主要从工作状态入手，这里有使用频率较高的赞赏句子，可供带动师借鉴：

- 今天工作完成得很好。
- 你又是最早到的一个。
- 你进步很快，继续加油！
- 你工作的样子，让人很放心。
- 干得不错，头儿表示很满意。
- 很好，每天照这个样子做就行了。

……

这些话听起来非常平淡，但在实际操作时，作用却非同小可。

二、用危机感刺激老员工懈怠的神经

每个团队都有一帮老员工，他们在团队待的时间比较长，对工作环境完全了解，甚至有些还劳苦功高，曾经是团队中叱咤一时的风云人物。

但是随着时间的流逝，老员工渐渐出现了懈怠之势，精神颓废，工作效率下降，不再投入热情等等，表现出来的信号有：

- 拒绝做工作范围以外的工作。
- 经常迟到或早退，午餐时间拖长。
- 不能按时完成工作的次数越来越多。
- 每天都有满肚子的抱怨。
- 工作中出现失误时，会在第一时间内找到理由推脱责任。
- 自以为是，不接受他人意见。
- 不服从命令，并影响他人也不服从。

这些糟糕的信号相继出现，老员工从以前的勤奋上进变成如今的拖沓慵懒，其中最大的原因是稳定感。

稳定本来是件好事，但对于老员工来说，过分的稳定会产生强大的负面影响。大自然相生相克，对于过分的稳定性，危机感是最大的克星。

危机感克制过分稳定

波音公司一直是行业中的巨鳄，地位无可撼动。

1985年，波音公司与欧洲空中客车公司争夺日本全日空的一笔大生意。由于双方飞机在先进性和可靠性方面差别不大，以致全日空犹豫不决。

在这关键时刻，却连续发生三起波音飞机空难事件，在全世界范围内造成巨大负面影响，同欧洲空中客车的竞争也劣势尽显，危机四伏。但波音并不因此放弃，而是展开了全方位进攻策略，从财务便利、零件供应、飞机保养、机组人员培训各方面提供了优惠条件，并选择了三家日本著名公司合作767型机身部分，还主动向日本人提出合作议程，制造一种150座的767型客机，与空中客车的A－320相抗衡。

通过一系列的努力，波音最终战胜了西欧对手，在空难事件的5个月后，与全日空签订了合同，成交金额超过10亿美元。

稳定滋生懈怠，危机却是稳定的克星，优秀带动师需要在两者之间寻找平衡点。

波音在飞机失事，稳固的行业地位受到威胁时，反而能够发愤图强，击败对手，正是由于危机感打破了原来的平衡状态，突然发现自己有摔倒在地的危险，怎能不奋起反击？

打捞起来的沙丁鱼常常死在池子里。团队中的老员工就像池子里的沙丁鱼，安安稳稳挤在一起，收入很稳定，银行里有可靠的积蓄，一切按部就班……这样挤下去的结果不仅是沙丁鱼的死亡，也是团队的死亡。作为带动师就要像聪明的渔夫一样，往池子里放一条鲶鱼，于是沙丁鱼们便争先恐后游了起来。

这就是著名的“鲶鱼效应”，而这里的“鲶鱼”就是带动师用来打破稳定局面的危机。美国旅行者公司首席执行官罗伯特·薄豪蒙说：“我一直相信，如果你的企业没有危机，你要想办法制造一个危机。”

“都市快车”超市开业有一年时间，从开业到现在一共招了三批员工：第一批有20名，现在剩下11名；第二批有10名，现在还有5名服务于超市；第三批又有10

名，现在全部处于试用阶段。

除去管理层，普通卖场工作者中有12名老员工，这12名老员工中又有7名是元老级别人物，他们表现越来越差，理货铺货都不及时，对顾客也相当冷漠，并且连带其他5名老员工绩效下降。不爱干活却有很多抱怨，成了老员工团队的一大特点。

不但如此，在新员工培训试用时期，还处处表现拖沓，给新员工造成了很大负面影响。

分析这个案例，问题焦点是老员工的表现，如果不能采取有效激励措施，及时扭转局面，整个团队将被这些懈怠的老员工毁掉。打造危机“鲶鱼”，成为迫在眉睫的事情。

不过，打造“鲶鱼”需要方式方法，运用得当，才能有所成效。

从新员工中培养一条危机“鲶鱼”

新员工刚进入团队，虽然对工作环境、环节、技能等都不熟悉，容易犯错误，但他们身上正有老员工缺乏的东西：

- 工作热情。
- 勤奋积极的工作态度。
- 急切想在工作中有所表现的强烈愿望。

对此，带动师应当让老员工看到自己跟新员工的差距，并感受到后来者居上的紧迫感，根据案例，具体方法可以是：

（1）在10名新员工中，找一名表现最优秀者做危机“鲶鱼”。

（2）帮助这名表现不错的新员工迅速成长，使他基本达到老员工的工作水准。

（3）在这个过程中，着重表扬这个新员工。注意，工作投入、热情、勤奋、上进是表扬重点。

（4）当新员工工作水准确实不次于老员工时，若再发现老员工管理区混乱，就请他去参观这名新员工的管理区，并暗示新员工超出了老员工很多。

这样，新员工的优秀直接刺激了老员工懈怠的神经，强烈对比之下，老员工为了争口气，也会拼了力气做好工作，以维护自己的元老形象。

如果有个别老员工自甘堕落，仍旧把自己的工作搞得一团糟，带动师不妨加大刺激力度，干脆派新员工去帮带老员工。

当然，用新员工做“鲶鱼”也有一定的负面影响，例如过分刺激老员工自尊，不但不能让他们重现活力，甚至搞到撂挑子，辞职走人。这当然不是打造“鲶鱼”的初衷，所以在运用上述方法时要注意：

（1）被选中作为“鲶鱼”的新员工必须优秀，而且是有目共睹的优秀。

（2）刺激老员工时，要注意言语间的语气，要让老员工感到新员工威胁他的地位和长久形成的团队威望，而不是感到受了侮辱，或遭受恶意排挤。

（3）明确表示对事不对人，不要让新老员工成为敌对势力。

从老员工中打造危机“鲶鱼”

老员工虽然整体出现懈怠姿态，但也不要一棍子把一船的人打翻，其中肯定有尽职尽责一如既往的人。就算没有，也能找出一个较其他人表现稍好的老员工。

针对上面案例，具体可以：

（1）在12名老员工中找出工作态度最好的一个，作为危机“鲶鱼”。

（2）当新员工到来时，注意表扬这名老员工。工龄长、认真、负责等等是强调重点，将他从老员工队伍中拔高，成为团队工作典范、新员工学习的榜样和工作的标准。

（3）老员工面对这种突如其来的荣誉感，肯定会不辱使命，努力表现给新员工看，而那些新员工也必定将他当成前辈来尊重。

（4）老员工的内部平衡被打破，在不能被新人看扁的想法刺激下，其余老员工也会发愤图强，夺回自己应得的尊重和荣誉。

这种方式较之上一方式，好处是避免了新老集团性对立，同时还可以让新员工形成虚心向前辈学习的好态度，有利于整个团队良性发展。

用“末位制”打造虚拟“鲶鱼”

所谓末位，就是团队中表现最差的人。在这里不是要搞末位淘汰，更不会驱逐任何人，只是借用“末位”的方式来制造一条团队中的虚拟“鲶鱼”。

还是针对上面的案例，具体操作可以是：

（1）当新员工到来时，宣布一项“末位”制度，并根据每天工作情况进行考核，结果不对所有人公布，但会让末位者本人和直属管理者知道。

（2）新老员工采用相同标准进行考核，另外要说明“末位制”对新员工的宽容性，老员工则会明白自己的严峻局面，并会为了远离末位而努力工作。

“末位”是条虚拟的“鲶鱼”，但这条“鲶鱼”带来的好处非常明显，实际上让新老员工站在了同一起跑线上，老员工不但没有优越感，反而压力变大。

毕竟“末位”容易让人联想到末位淘汰，况且中国人可以集体堕落，但却万万承受不了被点名堕落，而这正是“末位”“鲶鱼”所制造出来的危机感。

三、不同时期的不同激励策略

带动师所带领的团队，不但在横向上有新员工和老员工的交互更替，在纵向上还有团队的阶段性差别。

团队就像写小说一样，也有开端、发展、高潮，甚至结局。一般来说，团队的发展可以分成五个阶段：成立期、动荡期、稳定期、高产期、调整期，按发展状态又可以单列出危机时期、扩展时期等等，其中有三个阶段最需要激励，它们分别是：创立初期、危机时期和稳定时期。

创立初期激励——前途是光明的，道路是坎坷的

所谓团队，就是为了一个共同目标而组织在一起的人。一般来说，创立初期的团队有两种可能性：

其一：团队基本上是新成员。

这个时候，不仅团队是新的，成员也基本上是新的，激励方式多采用正面激励，可以借鉴用赞赏激励新员工的方法，同时也要加强成员间相互信任以及合作精神，这些在前面章节均有详细论述，此不多言。

> 激励策略“时刻”变化，确切说这是门需要相机而动的学问。

其二：团队成员来自于其他老团队。

AAA 品牌服装店一直以中等规模连锁店的形式拓展市场，但经过一段时间后发现中等规模弊端太多，决定转用微型化细密化战略。将原来的卖场进行微缩，剩余人力组织在一起，放到新开发的卖场中，也就省去了培训新员工的麻烦。

对于企业整体来说，都是老员工，但对于这个新卖场来说，这是个新团队。

针对这种情况，带动师的激励要具有实用性：

方法 1：运用实例，为员工打造成功的感觉。

团队初期的动力很大一部分来自于对成功的强烈渴望，带动师要做的就是给员工树立成功信念，找到成功的感觉。

对于上面的 AAA 品牌服装店来说，带动师可以把其他优秀卖场成功故事搜集起来，打印成册，让员工浏览，或者念给大家听。

另外，也可以找同行业成功范例，注意最好找那种可以引起共鸣的，否则干脆不要用。

方法 2：员工语录，让员工自己制造成功感觉。

可以在卖场或休息区开辟员工语录，让大家自己表决心，这样每天看着自己的决心挂在墙上，就不会偷懒懈怠了。

危机期激励——将向下的压力化为向上的动力

大部分团队都有可能遇到危机时期，这受很多因素的影响，比如，企业内部管理问题、财务运作问题、市场风向问题、竞争对手情况等等。

总之，面对危机是最考验一个团队生命力的时候，如果带动师能顺水推舟，则会促进团队跳跃式成长，并迅速成熟壮大。

顺利度过创建初期的新店面发展一切顺利，半年后这家AAA品牌服装店旁边突然开了一家芝兰品牌服装店。

这两个品牌无论从知名度、价格、消费目标群体都非常接近，甚至连芝兰品牌店面的装修风格、内部陈列方式等也跟AAA品牌差不多。据说，芝兰店老板就是冲着AAA店来的，非要一决雌雄不可。用消费者的话说，这两家店打穿墙壁，完全可以当一家店经营。

很明显，芝兰店就是要跟AAA店抢生意，并且芝兰店实力雄厚，是个强大的竞争对手。开张之时搞得红红火火，一个月下来，AAA店营业额迅速降低，隔壁芝兰店的生意看上去却很红火。危机重重，AAA店员工感到压力很大，惶惑不安。

面对这种情况，带动师激励的目的很明确：一方面要稳定人心，保持团队方寸不乱；另一方面要激发竞争斗志，让员工产生战胜对方的强烈欲望。

方法1：为团队成员制造优越感。

越是面对强势的竞争对手，越要给员工建立优越感，这可以在最大限度上稳定人心。

比如，带动师可以为员工们申请更好的工作餐，但不要说是为了同芝兰店开战，而是因为业绩很好，对大家的奖励。

另外更大胆的办法是为员工申请减少工作时间，不是真正意义上的减少，而是心理战术。比如，原来两店都是早上9:00上班，现在改成9:10或者9:15，这十几分钟对于早上的服装卖场来说，销售可能性很小。可是当芝兰店员工没吃早饭急匆匆赶到开工时，才发现AAA店的员工正吃着早饭从门前溜达过去，两者心理可以想象。

方法2：强化竞争对手。

不是回避竞争对手，而是强化对方的竞争形象，目的是激发员工斗志。

面对芝兰店的正面挑战，带动师不妨明确芝兰店的竞争者形象，在进入工作间的地方制作一张充满挑衅的海报，上面画一幅芝兰店员工大喊大叫的图片，旁边标上：他们看起来很猖狂！

可以想象，每天进入工作区的AAA店员工看了这幅海报，多想亲手把芝兰店给干掉。

稳定期激励——抓住时机大练兵，更上一层楼

AAA店在强势对手芝兰店的激烈竞争中生存下来。这时政府做区域规划，决定把这两家店铺所在街道划为商业街，新店如雨后春笋层出不穷，形成庞大市场，两店都不必为客源头疼，业绩稳中有升，发展势头良好。

最稳定的时期，也是最危险的时期，因为这个时候的团队形成一种让人放心的发展势头，结果是领导者真的完全放心后，团队很容易丧失斗志，并逐渐失去市场竞争力。

所以带动师要想办法在保持这种良好状态的同时，让团队稳中求进。因为稳定期是人们享受成功喜悦的时候，激励的方法也要跟进这种欣欣向荣的局面：

方法1：开展技术型竞赛。

对于一个服装销售卖场来说，可以进行理货比赛。

地点：卖场内。

道具：所销售产品，比如100件不同颜色、型号的T恤。

方法：请竞赛者以最快的速度将这100件T恤按照颜色，大小号折叠整齐，最先完成者胜出，并得到奖励。

方法2：定期表彰先进。

任何一个团队都有绩效出众的成员，在整体大繁荣的局面下，特别适合表彰先进，使员工切实感受到团队发展盛况，以扩大繁荣局面的影响力。

对于一个服装销售团队，最简单的表彰方式是选出业绩最好的员工进行精神上以及物质上的激励。这种表彰可以一周进行一次，发点小礼品，花费不多，但效果良好。

但要注意表彰就是表彰，不要搞成平均主义，结果失去表彰的意义。

方法3：做小型经验推广会。

经过前面的创立初期阶段和危机时期的考验，团队成员积累了大量的工作经验，但由于种种原因，这些好的经验没有及时推广，而此时，正是互相借鉴经验进行大练兵的最佳时机。

还拿上面服装卖场来说，带动师可以组织团队推选出绩效高的员工，分主题做经验报告。

例如，如何对付挑三拣四的顾客，如何消除顾客购买疑虑，如何使顾客买了一件还买第二件等等。只要员工有经验可说，带动师就要提供交流推广的机会。

四、三份廉价高效的激励菜谱

在一个团队中，即使工作很卖力的员工也会有懈怠的时候，这是正常现象，不能吹毛求疵，但也不能不闻不问。

一个人的懈怠可能引来集体的懈怠，而且负面影响通常比正面影响力量更为强大，因此带动师有必要为团队制定一张激励菜谱，时不时拿出来给大家加加餐，会取得比较好的激励效果。

晨舞+动力早餐

一日之计在于晨。经过了一个晚上的休息，头脑在清晨又恢复了生机，在这种美妙时刻来点激励措施，如同一顿丰盛的营养早餐，可以为一天的工作注入动力。

晨舞：跳出来的激情

带动师提供的菜谱，应该具有使团队活力四射的功能。

舞蹈是美与运动的结合，既可以健身又可以得到审美享受，还可以活跃精神，这就是用晨舞激励团队的原因所在。

比克快餐店每天早晨都做广播体操，这是店面文化的一部分，也可以让大家强身健体。可是组长慢慢发现，大家对体操一直提不起兴趣，有气无力的。

员工们都抱怨说：我们又不是小学生，大庭广众之下做这样的体操太可笑了！甚至还有人说从背后看起来，根本就像一群老头老太太在伸胳膊伸腿。

组长第二天到队伍后面一看，果不其然，正如大家所说，真像一群失去活力的老年人在例行公事。

组长想：我们的快餐主要卖给年轻人，我们的激励方式也应该是非常前卫的。于是他很快联系到健身教练，教大家跳健身舞。果然情况大变，大家情绪激昂，甚至主动要求定做一套更适合跳舞的工作装。

到第二个星期，惊喜接踵而至，员工们认为自己早晨跳的舞使自己变得时髦而有魅力，于是一天的工作都踏着欢快的节奏，脸上的笑容也比以前灿烂多了。甚至在他们跳舞时，有很多年轻人也跟在队伍后面学习，完毕后顺便就买了比克的早餐，使营业额有了不小的提升。

晨舞不只是随便找点东西让大家跟着音乐跳，必须注意：

- 舞蹈选择必须跟团队或企业文化紧密结合。
- 要不断进行变化，再好的舞整天跳也会失去兴趣。
- 要注意运动量，不要让员工的体力在工作前就消耗完了。

动力早餐

早上吃得不必多，但一定要吃得好。动力早餐的目的是激励团队一天斗志昂扬地工作，自然要注意早餐的营养量。

制作动力早餐的方法：

方法1：用励志小品文做早餐。这种资料随处可见，不难搜集，例如《读者》上就经常刊登不错的短文。

方法2：用有趣的笑话做早餐。幽默的力量是不可估量的，而且开心的早餐大多很受欢迎。

方法3：用相关新闻做早餐，可以借鉴各种报纸，注意选择的新闻必须对团队有意义，比如，来自阿根廷的三流角色因为齐心合力，干掉了明星阵容的湖人队等。

早餐可以由带动师直接念给大家听，但最好是由团队成员轮流进行，轮流早餐轮流激励，以免因为个人口味把早餐搞得太过单调。

竞赛：你追我赶争第一

竞赛是一种非常直接也非常刺激的激励方式，因为大家都有“我要做第一”或者“我干得比他好”的想法，所以即使在比赛结束后，也会暗中努力，赶超竞赛胜利者，而这正是所有竞赛式激励的妙处。

竞技大比拼

激励的目的是为了提高团队绩效，而团队绩效来源于成员对工作技能的熟练程度，因此技能性比赛在所有竞赛激励中最受青睐。

每年，麦当劳公司都在最繁忙的季节进行全明星大赛，也就是技能大赛。

比赛前，被选拔出来的店内最优秀员工，每天都早到晚走，积极训练备战。而且在很多店内都贴出挑战书和倒计时表，所有参赛员工都知道：比赛的成绩不单单关系个人职业发展，还代表了全店荣誉，店经理和员工都对比赛结果寄予厚望。

最后在大赛中胜出的员工，将成为公司明星，由公司重量级的人物颁发奖品，尽管奖品价值只是相当于一个月的工资，获奖者却会欣喜若狂。

麦当劳这样做的目的是提升全体员工的工作标准，激励士气，同时把简单重复性的工作变为有趣的竞赛，可谓一石三鸟。

带动师也可以根据团队实际情况，制定竞技方法。

比如，一家服装店可以在客流量最多的两三个小时，进行成交量比拼，看谁在同样的时间内卖出更多的服装。

如果是超级市场，可以搞些有意思的技能比赛，比如，把听装啤酒摆成各种形状。

进行这种比赛需要注意：

- 比赛规则要简单。
- 比赛尽量要求全体团队成员一起参加，如果能争取领导层加入，那再好不过。
- 技能选择要围绕团队成员关心的内容。
- 活动结束后要以最快的速度公布结果，并进行实质性奖励。

明星挑战赛

明星挑战赛是承接上面竞技比赛而来，当某个成员在竞技比赛中脱颖而出成为团队明星时，其余成员就可以在任何适当的时间提出挑战。

这种比赛的好处是：

- 在团队内部制造敢于争先的良性竞争氛围。
- 避免明星产生骄傲情绪。
- 使团队时刻保持着一种开放性竞争状态。

具体可以视团队情况灵活开展，但有一点必须注意，尽量避免一个挑战者单挑明星的状况出现，这样成功失败对比太过强烈，不利于长期开展。最好有三个左右的挑战者，这样胜利的光荣，失败的也不会过分被单独关注。

邻里拔河比赛

拔河是一项传统竞技活动，非常简单，可操作性强，娱乐性也比较强，能有效激励士气，并提升团队凝聚力。

不过这里说的不是团队内部自相残杀式的拔河，而是同邻居拔河。

马路左右两边各有一家中型饭店，一家叫妈妈菜，另一家叫传世私房菜，都打着家常菜的招牌，属于绝对意义上的竞争对手。

可是这两家菜馆对此并不忌讳，每天工作前，都从店里选出10名服务员互相拔河，逢单是娘子军，逢双则是男子汉。拔河比赛上午10：00正式进行，两边领导各执鼓槌敲打助威。

比赛进行得紧张热烈，鼓声喧天，胜利一方则高声欢呼，失败的一方则总结经验，明天再战雌雄。

这种方法非常大胆，但好处也非常明显，巧妙地把团队内部竞争转变成外部竞争，不单在最大限度上提高了团队凝聚力，还让每个成员感觉自己努力程度对团队荣誉的影响力。而且，经过这样的比赛，大多数员工都会产生努力工作，打倒竞争对手的斗志。

这种方式遗憾之处是限制较大，毕竟不是每个团队都有这样一个合理合适的竞争对手做邻居。但如果有，带动师千万不要放弃好机会，除了激励士气，还能以竞技的方式搞好邻里关系，何乐而不为呢？

欢乐夜，温馨会

在快乐的同时能够起到激励效果，这无疑是最理想的方式，因为人人都有趋乐避苦的天性。

方法 1：麦当劳员工欢乐夜。

麦当劳很会利用快乐激励，通常在新连锁店开业前一天晚上，都举办一次员工欢乐夜，这也是公司对员工开业前辛勤工作表示感谢的一种方式。

届时，公司将邀请所有员工及家属作为贵宾参加欢乐夜，相反，管理人员则要扮演服务员角色，为员工和家属端上自己亲手制作的汉堡包。

经历过这种欢乐夜的员工都有一个共同感受，那就是：麦当劳是一个真正意义上的大家庭，经理们是家长，关心、激励员工，而作为员工也乐在其中，并深深爱上麦当劳非常人性化的工作环境。

在欢乐夜中，普通员工感受到来自上级领导的服务，而这种服务在很大程度上转变成了对团队成员的关爱和激励。

带动师可选择的欢乐夜主题以及方式有：

- 对开业前相当长的筹备中付出努力的团队成员表示感谢，最好能让大人物将这种感谢由语言化为行动，哪怕为每个员工倒一杯水。

- 重大节日不能休息时，对员工表达感谢。比如，对中秋节还在卖场工作的员工发月饼，邀请团队成员一起聚餐等等。

- 取得重大业绩突破时，对员工进行犒赏。例如，组织一次主题晚会或者郊游等。

方法2：自娱自乐温馨会。

自娱自乐也就是淡化公司行为，增强个人色彩，但又不能脱离团队，因为主旨仍旧围绕着增进团队感情、激励士气进行。

带动师可选择的主题及方式有：

- 生日庆祝会。组织团队为过生日的成员庆祝。

- 明星、冠军恭贺会。组织团队为那些竞技明星、绩效冠军祝贺。

- 个人成绩、生活喜事贺喜会。比如，某人拿到了自学考试毕业证书或者结婚生子之类。

这样做表面看并没有跟团队绩效搭上关系，实际上却能很好地增进团队成员间的感情，也就是增强了个人对团队的感情依赖。

美国人 Z. 汉斯说过，员工更愿意把汗水洒在那些有感情的团队里。所以，促进团队感情融洽也是激烈团队成员努力工作的不错方式。

五、如何让团队成员“闻声而动”

柏拉图说：“如果教育得适当，节奏与和声比什么都深入人心，比什么都扣人心弦，大家都知道，当我们用耳朵感受音乐旋律时，我们的精神世界就会起变化。”

音乐的影响力是非常神奇的，它可以陶冶人们的情操，引起欢快的情绪，并让懈怠或者麻木的神经进入亢奋状态。正是因为这些原因，人们把音乐引入卖场，它不仅可以激发店员的工作热情，还可以为前来购物的顾客进行免费精神按摩。

选择音乐“因时而异”

对于音乐的使用，在销售工作的不同阶段也有不同的选择，对于一个店面来说，可以从以下几个方面进行区别：

营业开始

团队需要利用这一部分时间调整心态，迅速进入工作状态，所以应当选择一些轻快的音乐提高士气。

推荐音乐：轻松而富有节奏感的纯音乐。比如，莫扎特优美、欢快又不失华丽的钢琴曲。

音乐是精神的最佳补品，而且对销售者和顾客都起作用。

营业中

营业进行时，工作者要保持良好的工作心态，可以选择轻快而节奏感强的音乐，可以起到缓和工作压力和紧张情绪的效果。

推荐音乐：时尚音乐人或歌手轻松愉快的歌曲。

比如男：周杰伦、王力宏、林俊杰；女：S. H. E 等。曲目推荐：王力宏《心中的日月》、陶喆《爱很简单》、周杰伦《发如雪》等。

销售高峰

销售高峰一般就是客流量最大的时候，工作者需要拿出十二分热情，把注意力完全集中到工作上来。这时配上激动人心的音乐，能起到战鼓的作用。

推荐音乐：劲爆歌曲、快歌以及迪斯科舞曲、串烧大碟等。

当然，销售高峰期的音乐可以设定为固定的曲子，这样做的好处是能给团队一个标志性认同。大家一听到这首曲子，就知道打硬仗的时候来了，都要努力加油。

空当时间

高峰过去后，工作者进入精神疲劳状态，工作效率随之下降，如果不能及时调节，很难迎接下一个高峰。带动师可以针对这一特点，选择一些非常个性化的音乐人的歌曲，精神享受兼具激励。

推荐音乐：个性音乐人的歌曲。比如伍佰、潘玮柏、王菲、莫文蔚等。

在使用音乐上，需要注意的是，不要把美妙的音乐变成令人心烦气躁的噪音。

在2006年3月2日的《东南早报》上，有一则标题为“我家楼下面音乐放得太响”的新闻，说晋江市区侨联大厦户主吴女士反映，她楼下手机经营店时常把音乐声调得很大，而且持续一整天，搞得他们一家人无法入睡。

同时，手机店的店锁也在短短几天内被灌了3次502胶水，严重影响正常营业。

现在很多城市都禁止路边店面大声放音乐。况且，大声播放音乐招揽顾客的行为已明显不适应当今的文明经营大环境。“有理不在声高”，何必非要影响邻居生活，惹人讨厌呢！

主题音乐DIY

事情往往是这个样子的，当年《冲动的惩罚》一夜走红，一时间大街小巷所有销售店面都不约而同地放起刀郎的歌曲，虽然是紧跟时代步伐，但未免有点随大流的嫌疑，同时也抹杀了自己店面的个性。

因此，为销售团队选择突出特色和企业文化的音乐，也是带动师当仁不让的职责。

2005年4月27日，麦当劳宣布，在中国市场推出其全球最新版的主题歌——《我就喜欢》，由亚洲音乐人、麦当劳品牌代言人王力宏创作并演唱。这个最新版本，具有独创的华人嘻哈风格，将西方嘻哈音乐和中国传统的民族音乐元素完美融合，在编曲和旋律上引入古筝、二胡、竹笛等乐器，彰显中国最In一族开朗、乐观、勇于表达自我的人生态度。

每当听到“我就喜欢”四个字，人们不但会立刻想到麦当劳的汉堡，还会想到麦当劳着力强调的“快乐”文化。不得不承认，这是一种非常有效的推销方式。

不是所有团队都有麦当劳这样的实力，但带动师至少可以为自己的团队选择一支合适的主题曲，最简单的办法自然是借用了。

在美国内华达州的小镇，有一家规模不算大的超市，店主是中国人，经营这家超市的初衷也是为中国同胞提供一些生活上的便利。为了表明这一宗旨，并吸引中国同胞，店里每天播放阿炳名作《二泉映月》，那些漂流异国的中国店员听到来自祖国的声音，总会感到一些自豪和愉快。

神奇的是，亚洲人也喜欢到这里购物，最后当地人也喜欢到这家具有异国风情的超市选购日用品。他们会互相转告：那二胡店的黄酱真是棒极了。尽管他们中的很多人其实并不知道二胡是什么东西。

主题音乐的好处，不仅可以最大限度地向顾客宣传店铺，以及店铺自身文化，还可以对工作成员形成良性心理暗示：我在工作！

为销售团队选择主题歌曲，需要注意一点：主题曲并不需要一天到晚一刻不停地播放，像麦当劳，并不是一天到晚“我就喜欢”的。带动师对于主题曲的选择，可以采取更灵活的方式：

- 发动团队成员，通过投票的方式选择主题曲。
- 对选出的主题曲定期进行更改，比如一周。
- 还可以把主题曲的选择权交给一周销售冠军，可以对团队成员起到激励作用。

最后，主题曲的选择在大方向上必须是积极向上的。如果是特殊情况，比如专门出售旧货、仿制古董的店面，可以大胆选择一些怀旧歌曲。

音乐间隙，用“喊麦”带动销售激情

去过迪厅的人都知道，出色的“喊麦”能够营造一种忘我摇摆的狂欢气氛。如今，“喊麦”已经不是迪厅的专利，至少在一些面向年轻消费群体的卖场中，常常在音乐间隙，听到“努力、加油”的声音。

智宝服装店，销售的服装主题是运动和时尚。他们从橄榄球中码数和奖金挂钩的规则获取灵感，也将销售业绩换算成码，比如销售 100 元的服装就在业绩排行榜中前进 100 码，并间隔半小时或 1 小时进行一次通告。比如："007 号又前进了 100 码，处于榜首 600 码处。010 紧跟其后，也有 500 码的好成绩。请大家再接再厉，争取在下次通报前完成 1000 码！"

"喊麦"完毕后，按照惯例所有店员都要附和"努力"、"加油"，互相打气。

看到上面智宝服装店的案例，带动师可以从中借鉴的"喊麦"经验是：

- 通报销售业绩，尤其是此刻的销售最高成绩。
- 让大家看到差距，促使团队内部掀起销售竞赛，提升业绩。
- "喊麦"结束后，大家随声附和，起到互相激励，从整体上制造积极向上的工作氛围。

上面的"喊麦"方式主要适用于销售高峰，如果在生意比较平淡的时间段，"喊麦"完全可以采取更灵活的方式进行：

例如，在度过一个销售高峰后，"喊麦"可以选择一些健康幽默的笑话，这样可以缓解紧张的神经，起到精神放松的作用。

也可以选择朗诵美文诗篇，例如，在钢琴曲伴奏下朗诵徐志摩的《再别康桥》，绝对是不错的精神享受。

第四章
有效沟通提高团队绩效

良好沟通的第一步叫做关注
坦诚：完全不用技巧的高效沟通方式
耳朵征服，做第三层倾听者
建立双向交互式反馈模式
科学处理团队冲突

一、良好沟通的第一步叫做关注

问：什么是团队绩效最大的障碍？

答：沟通。

最新的调查结果显示：团队领导者工作时间的20% ~50%是在进行各种语言的沟通，如果把各种报告或 e-mail 等文字沟通也算在内，这个比例会高达64%。而团队的成员，每个小时中，有16 ~46 分钟是在进行沟通。

原因是：没有有效的沟通，就没有有效的工作。

用关注的钥匙打开沟通之门

一个效率高、运行快的团体，必定是个沟通畅通无阻的团体。世界上很多行业的领军企业都为这一论断做了很好的验证。

在微软，有个女职员第一天上班，因为紧张在停车场开车撞了旁边的一辆雷克萨斯车。女职员到了办公室，立刻向同事描述了这件事。同事听完后对她说：你很幸运，那是比尔·盖茨的车。

天！第一天上班就撞了老板的车。女职员感觉五雷轰顶，赶紧问自己的上司该怎么办，上司却很随意地说：没关系，发封 e-mail 道歉就可以了。

女职员小心翼翼地给比尔·盖茨发了封致歉邮件，很快就收到了回信。信中说：没有关系。并祝贺她成为微软的一员。

比尔·盖茨的宽宏大量当然让人敬服，但微软的快速沟通方式也让人感慨万分。其实，在很多世界一流的企业中，都有类似畅通无阻的沟通渠道。

在 IBM 有“越级谈话”，员工可以在需要的时候找领导的上级，或者直接找大老板谈话。还有“申诉制度”，就是员工如果在工作中受了委屈，可以找直属领导，也可以越级申诉，请求重新调查，直到得到公正的对待。

在百度，则有一种“CC 文化”，就是说每个人都可以把自己的观点直接和上司、组员说，也可以把自己的观点发送到所有自己认为应该知道的人的信箱中，甚至可以自行组织讨论会，包括公司高层、同部门或不同部门的人。

为什么这些团队沟通做得非常好呢？

因为作为一个小职员，可以要求来自最高领导的关注，这一点在一些传统团队中是绝对不被允许的，越级打报告需要冒很大的风险，并且会被整个团队所排斥。所谓“天高皇帝远”，这就是不能被关注的悲哀，还谈什么沟通呢。

关注从第一刻到最后一刻

简单地说，关注就是引起重视。带动师要带领整个团队，就必须重视团队中的每个成员，包括他们在工作中的言行举止、喜怒哀乐，甚至生活中的林林总总。关注是沟通的前提，也是良好沟通的铺垫。

关注如此重要，如何进行？具体如下：

第一刻的关注

一个人应聘进入团队工作，第一天出现在大家面前就被称为第一刻。从这一刻开始，这个人成为团队的一员，是团队的新人，也是团队最容易同时也是最需要受到关注的对象。

带动师的第一刻关注，可以从以下几个方面切入：

- 关注新人对环境的适应情况。比如，问一下新员工对新的工作环境是否习惯？
- 关注新人对工作的掌握情况。可以询问新员工在工作中有什么问题，或者有什么困难并帮助解决。
- 关注新人的一些工作细节。

像新员工的工服是否合身，需不需要调号？或者办公设施是否齐全等。

- 关注新人与工作有关的生活细节。这里要关注的不是新人的私生活，而是跟工作相关联的生活部分，比如，上班乘车是否方便，是否可以提供更便捷的乘车方式等。

关注有时候只是一句简单的话，表面上看无足轻重，实际上却能很好地拉近感情，为日后有效沟通打下良好基础。所以，在日常工作中，不要吝惜对工作伙伴拍拍肩膀，说一两句贴心话，回报会相当丰厚。

最后一刻的关注

相对于第一刻，最后一刻就是团队成员离开团队之时。天下没有不散的宴席，离开也是很正常的事情。但带动师不能因为团队成员将要离开，就摆出人走茶凉的姿态，相反，在最后一刻更应给予加倍的关注。

微软（中国）有位中层领导要辞职去苹果担任更高的职位，当时微软（中国）的最高领导唐骏正在澳大利亚开会，他听到这个消息后，立刻告诉辞职者，稍等几天，至少见上一面。辞职者说没有这个必要，唐骏便立刻从香港转机到广州同这位职员告别，并送上祝福。

事后，唐骏表示这样做对他来说实际就是作秀，但作用却非同小可。对于辞职员工来说，这样是对她的莫大的尊重，同时也有利于在新公司立足；对于苹果公司来说，表示他们真的挖到了一个有用人才；对微软（中国）的员工来说，公司对每个员工都仁至义尽，即使是在最后一刻。

对于这最后一刻的关注，唐骏的总结已经十分到位。对于沟通来说，最后一刻关注的主要意义在于对团队其他成员的正性影响。

最后一刻应该关注的内容是：

（1）离职成员以后的去向问题。

离开了，总要问一声何去何从，这是最基本要做的事情。如果还没有找到合适去处，则要在能力范围内进行帮助。

（2）离职成员此刻的情绪、心态。

从道义上讲，带动师应当关心离职者的精神状态。如果是主动离职，可能离职者在精神上已经做好了准备；如果是被动辞职，带动师有责任和义务安慰一下往日的工作伙伴，并帮助寻找新的工作。

关注无时不在

因为第一刻和最后一刻本来就是事情的开始和结尾，比较容易引起关注，反而是平时细水长流的工作中，容易产生疏忽。

任何团队中总存在两种人：

第一种：外向、活泼，喜欢诉说。性格决定他们会主动争取被关注，所以不容易受到冷落。

第二种：内向、沉静，少言寡语。这种人即使哪天请假没有上班，别人也很难发现。

针对这种情况，平时的关注重点应更多地放在第二种人身上，根据其性格特点，具体可以：

- 经常询问他们的工作进展情况，称赞他们对工作的认真态度。
- 每天主动同他们打招呼，偶尔开他们的玩笑。
- 如果他们哪天换了新衣服或者新发型，一定要注意到，并进行称赞。
- 他们心情欠佳时，假装看不出来，并讲笑话逗他们开心。

警惕关注“禁区”

某网站刊登了一篇报道，“过分关注导致的出走事件”，说在北京市一个12岁的中学生成某离家出走，流浪成都13天的事情。

成某的妈妈在接受采访时无奈地表示：全家四双眼睛每天跟在孩子屁股后面，这还跑了，真不知道以后该怎么办。与父母的焦虑形成鲜明对比的是，成某本人坚决表示：只要家里人还像盯梢一样盯着他，他就还会跑。

原来，成某一家视其为掌中宝，每天上学送，放学接，一天24小时，成某走到哪里家人就跟到哪里。有一次参加同学的生日聚会，爷爷因为不放心，就跟着成某一起去，结果整个PARTY一点气氛也没有。用成某自己的话说，家就是个鸟笼，他就是被圈养的金丝雀。

虽然带动师跟团队成员的关系有别于家庭和孩子的关系，但上述情况足可引以为鉴。任何东西都过犹不及，关注同样如此。

要远离关注误区，应当认识到：

（1）关注不是盯梢。

如果带动师一出现，就让大家产生“这家伙又来找碴儿了，得小心”的效果，那说明带动师的关注在团队成员那里成了盯梢，成了抓小辫子。相反，大家看到带动师出现，产生“正好有个问题要问问”这样的想法，说明团队成员乐意带动师的出现，并对带动师的关注有所依赖。

（2）关注不是打听他人私生活。

私生活就像私有财产一样，如果当事人不主动拿出来分享，外人无权过问。带动师要关注大家的生活，不要变成打探大家的生活。

前面讲要关心团队成员的生活，但生活不等于私生活。例如，问及男友是否抽烟，是具有普遍性的生活问题；而随便问对方男友能拿多少工资就属于私人生活的问题，这不是一个带动师应该关注的问题。除非当事人自己愿意说，可以提问表示对话题感兴趣，但关注不要越出雷池。

在中国人眼中，一般的生活问题不算是隐私，大家可以相互分享，但是涉及金钱（例如工资）、感情生活方面的事情则非常敏感，带动师应该对这两方面提高警惕，不要误入关注禁区。

二、坦诚：完全不用技巧的高效沟通方式

古希腊有位演讲大师受到神的召见。

神说："你的演说让世人明白真理，将愚昧者引上光明之路，为此，你可以得到任何奖赏。"

演讲大师说："万能的神啊，我不要奖励，只要您能解除我小小的烦恼。"

神问："是什么烦恼?"

演讲大师说："我想让听我演讲的人能完全明白我的意思，而不是让我费尽口舌啰唆不停才听懂可怜的十分之一。"

神听完，给了大师一杯红色的液体，让他喝下去。

大师问："这是什么?"

神答道："这是坦诚。"

确实，在任何情况的沟通中，坦诚都是使沟通有效的最重要因素，它没有技巧可言，但就效果而论，却是一切技巧所望尘莫及的。

有什么就说什么，是最简单也是最有效的沟通方式。

虚伪沟通氛围形成之缘起

大家都在讲坦诚沟通，可是在团队中的交流却仍然充满掩饰和敷衍别人的行为？大家都尽可能地粉饰太平，努力把所有不快藏到桌子底下。结果造成了“当面不说，背后乱说”的糟糕局面。

赵平平是超市日用区导购，最近卖场搞大型促销活动，主推床上用品。按照惯例，其他货区也可以摆活动货柜促销本区特价品。由于日用品和床上用品两区相邻，这次床上用品的货柜又特别多，就干脆占用了日用区的空地。

赵平平对此非常愤怒，不断对家人诉说这一被“欺负”的事实。老爸就问：“既然你不满，为什么不直接提出来呢？”老妈立刻反驳说：“你傻呀，说出来同事关系还怎么搞，也不知道领导怎么看！”

赵平平母亲的担忧，正是赵平平本人不敢说出内心话的原因。这种现象在当今工作团队中普遍存在，大家想坦诚，但又不能坦诚，原因是：

- 坦诚说出自己的看法，可能得罪某些人，破坏看似平衡的人际关系。
- 坦诚自己的工作，尤其是不足时，很可能得到的是惩罚。
- 坦诚有时会让自己难堪，甚至出丑。
- 坦诚意味着完全暴露自己，结果更容易受到伤害。

由于这些原因，大家宁愿粉饰太平也不想开诚布公地沟通，宁愿一错再错，也要保持颜面，维护自己在团队中的形象。但这样做的结果，只能让矛盾激化，使整个团队深陷泥潭，直到不能自拔的那一天。

两种态度塑造坦诚团队

2004年11月，家电业爆出一条重量级新闻：香港创维数码董事局主席黄宏生被拘捕。一时间，整个家电业和新闻界沸沸扬扬，都伸长脖子等着创维高层的反应。

令人惊讶的是，创维公司管理层表现得非常冷静沉着，还积极展开危机公关。面对国内许多媒体的种种议论和猜测，创维董事局副主席张学斌以及公司多名高层领导迅速召开紧急会议，并在11月30日傍晚集体亮相深圳记者见面会，第一时间向外界表明创维集团的一切经营活动正常进行，没有受到香港停牌事件的影响。

在这一过程中，创维主动向媒体坦诚说明情况，毫不遮掩，在最大限度上抓住了主动权，有效避免了媒体的无谓猜测和炒作，可谓力挽狂澜。

创维对于危机事件的成功处理，其最得意处要归功于主动、及时同外界进行坦诚沟通，从而转危为安。从市场反应看，创维2004年12月的内销额为16.8亿元，次年1月内销额为19.9亿元，均创历史新高。而这些惊人的数字，也强力证明了坦诚态度对沟通的正性影响力。

如何在一个团队内形成坦诚相待的氛围呢？除了以诚待人、以身作则之外，还必须做到两点：

（1）宽容坦诚地对待团队成员，即使他有重大过失。

《中外管理》上刊登过一篇广东核电集团（中广核）一个“全世界最贵的清洁工”事件。说一个清洁工人在例行清洁打扫时，看到一个机器的某个部位有灰尘，就顺手用抹布擦了一下，无意间触到一个开关，而这个开关恰好启动了核反应堆停堆的指令，最后导致整个集团长达两天的停电。

如果在一般企业里，这位清洁工只能在第一时间卷起铺盖走人，但是中广核却只是让清洁工讲清楚事情的原委，然后继续工作，甚至连工资和奖金都没有受到任何影响。

清洁工造成的损失固然很大，但在整个企业营造坦诚自己所作所为的气氛却更加重要。这个案例带来一个重要的启示，就是宽容那些能够坦诚的团队成员。因为这份珍贵的坦诚不但给整个团队树立行为规范，还帮助团队在最快时间内最准确地找到症结所在：是错按了按钮，而不是核反应堆出了什么难以察觉的技术问题。

如果不是这样，管理者对清洁工进行惩罚，甚至开除，导致的结果就是人人不敢再说真话，因为说假话可能逃过一劫，而说真话却会被扫地出门。大家造假成风，出口便是谎话，沟通成了对圆谎能力的锻炼，沟通的正面意义也就不存在了。

（2）奖励能够坦诚的团队成员，哪怕他有越线行为。

2006年2月16日，《重庆晚报》的副刊上登了一篇“奖励坦诚”的报道。说李某在一家公司做营销，基本工资加上提成，收入也就2000元左右，用他自己的话说，这是“要死不活”的收入，与车子、房子的距离相差十万八千里。

于是李某一天到晚都谋划着怎么挣钱。有时天上也会掉馅饼，这天他在茶馆邂逅一位客户，不到半小时就谈成一笔生意。李某认为这是天赐良机，他用低价把货从公司买出来，转手卖给客户，从中获利近万元。

天降横财，而且这是个外地客户，提货后就会离开，公司无论如何也不会知道这笔生意。李某本来应该偷着乐，可他却乐不起来，扪心自问，他过不了自己的良心。竟然在第二天带着钱和辞职信到了公司，向老板坦言一切。结果，老板不但不放他走，还将那1万多元还给了李某，说这是对他坦诚的奖励！

李某背叛公司的行为，不但得到了宽容，老板还对其进行了奖励，这对团队形成坦诚风气是一种强大的正性鼓励。带动师也一样，团队成员如果自己说出自己的错误或不足，应该首先给予奖励，而不是立刻想到惩罚。

总之，无论是宽容也好，奖励也罢，都对坦诚行为本身形成了一层保护膜，意在让团队成员明白，坦诚非但不会成为笑柄，相反还会受到大家尊重。

破除壁垒的简易方式

“冰冻三尺，非一日之寒”。带动师要改变团队成员或者说人们在生活中形成的固有防备心理，需要有一定的耐心。除了耐心这一重要因素外，还需要采取一些行之有效的方法，帮助大家消除沟通壁垒，赤诚相见。

方法 1：组织指责会议。

所谓指责会议，就是互相指责，发泄不满的会议。当然，让大家撕破脸皮相互指责并非易事，带动师所要做的不单是把大家组织到一起，还要激发大家进行指责。

（1）会议开始，带动师首先要把工作中不够好的地方指出来，例如某天 A 组销售任务没有达标，就可以指责 A 组员工不努力。

（2）接下来，A 组员工必须找到没有达标的原因，比如是 B 组没有配合工作，这就建立了第一级指责链。接着 B 组找出下一个指责对象，建立第二级指责链，依次发展。

（3）指责链连接到一定程度，会变成一个环状结构，比如最后指责回带动师分工不细致；或者指责链会发生逆转，A 组指责 B 组不配合，B 组又指责 A 组没有提出要求。这样问题症结找到，记录下来，重新开始第二条指责链，直到没有可指责的东西。

（4）最后，由带动师组织大家逐个解决指责链中发现的症结。

这样做表面上大家撕破脸皮，其实会议完毕，大家反而会增进感情。就像小孩子说“我不跟你玩”一样，说完了两个人玩得只会更起劲；相反，两个人如果对嫌隙忍而不发，不动声色，这两个人将永远不能坦诚相待，只会表面一套背地一套。

方法 2：简单而古老的坦诚游戏。

地点：任何地方。

道具：一个瓶子或其他可旋转物体。

方法：让团队成员围成一圈，把瓶子放在中间；

带动师旋转瓶子，瓶口所对的人即为被选中者；

接下来被选中者要坦诚讲一句心里话或是一件珍藏内心的事，也可以让其他人对选中者进行提问，被选中者无论自己说还是回答问题都必须坚持坦诚的原则，不能说谎。

这个游戏非常简单，具有很强的操作性和娱乐性，可以在每次会议结束时进行，既能愉悦身心，又能培养团队彼此坦诚相待的良好习惯。

三、耳朵征服，做第三层倾听者

调查显示，在沟通过程中各种方式所起的作用分别是：表达占到30%，倾听占到45%，阅读占到16%，文字占到9%。从上图中，倾听的优越地位非常明显，换句话说，要想改善团队的沟通状态，必须首先学会倾听。

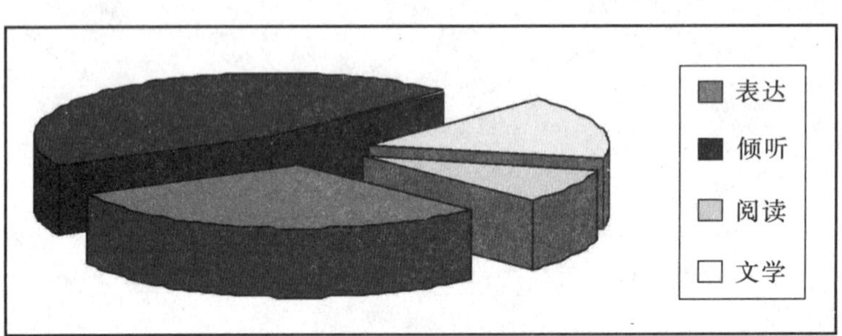

毕竟，使用耳朵解决问题，比滔滔不绝更加优雅，也更加讨人喜欢。

耳朵在沟通成效中占有45%的股份，它是名副其实的大股东。

用耳朵解决问题

有个病人，医生给他开错了药，护士也没有发现，但这个病人比较细心，发现这个重大错漏后非常愤怒，他站在医院的病床上大喊大叫，说医院要谋杀他。主治医生、护士赔礼道歉都不管用，医院领导前来抚慰，他也不买账，非要将医院曝光。

这下可急坏了院长，立刻召开高层会议，大家纷纷出谋献策，研究如何平息这个病人的愤怒。会议开了两个小时，一共准备了A、B、C三套解决方案，派护士长前去把病人请到会议室，大家正襟危坐如临大敌。可是三分钟后护士长回来却说一个小护士在大家开会期间已经摆平了整件事，病人现在情绪非常稳定。

怎么可能？所有人都不相信，找来小护士问她是否承诺了什么医院接受不了的条件。小护士说她什么也没承诺。“那你做了什么？”院长一头雾水，小护士回答说：“我什么也没做，只是坐在那里听病人讲了两个小时。”

听起来小护士什么也没有做，实际上她做了最关键的事情，那就是倾听。那个病人本来健康出了问题，为此要花巨额医药费，甚至要看家人脸色，心情不佳，发现医院给他用错药当然要发泄一下，也许他只是想找个人吐吐心中的委屈，没有别的。

用耳朵征服别人，其实并非什么稀奇之事，至少倾听还有很多别的好处：

- 倾听有助于沟通双方建立良好关系。
- 倾听可以在最短时间内最多地了解对方。
- 倾听能够缓解紧张气氛，起到缓冲矛盾的作用。
- 倾听还可以获得大量高价值信息，有利于进行公正客观的评判。

倾听的三个不同层次

老师同样给班里学生讲课，但有的学生能迅速掌握要点，有的学生却一问三不知。同样在听，区别却如此之大。原因是倾听有三个层次，站在不同层次听，得到的效果也截然不同。

倾听的第一层次

听者实际并没有注意表达者所说的话，只是假装在听，内心却在考虑其他毫不相干的事情，或者在筹划怎么反驳。也就是说他感兴趣的不是听，而是说。

处于第一层次的倾听，将导致关系破裂，以致冲突出现或制定出拙劣决策。

员工："事情糟糕透了，一切都没有头绪，我要的东西总是不能按时送到，简直做不下去了！"

组长："什么，你的货今天下午不是发出去了吗？"

员工："问题是他们没有按时，本来昨天就应该发的，为此我接到了三次投诉！"

组长："别怨天尤人了，问题肯定出在你身上。你实在应该看看其他人是怎么做的，他们都埋头苦干，不像你这样喜欢抱怨……"

显然，组长自始至终都没有听明白问题症结所在，但不明白的人却总是愿意发号施令，并且唾沫四溅。要这么糟糕的倾听者去解决问题，结果自然不会好到哪里去。

倾听的第二层次

倾听者能够抓住对方主要的字词和内容，但在很多时候，还是错过了表达者通过身体姿势、手势、面部表情甚至眼神等传达的意思。

处于该层次的倾听者，将导致误解、错误和时间的浪费以及对消极情感的忽略。

员工："事情糟糕透了，一切都没有头绪，我要的东西总是不能按时送到，简直做不下去了！"

组长："发生什么事了，讲出来听听？"

员工："事情是这样的，昨天有五位顾客来买震动机，您知道现在是销售旺季，昨天我就下了订单，顾客要求中午送货。但今天上午采购竟然说没时间提货，要等到下午。为此已经有三个人投诉了我，说我欺骗顾客，完全没有责任心。"

组长："看来这真是个天大的误会，我相信你不会欺骗顾客。但是你不能把责任推给采购，我了解那个人，他心地善良，所以会被大家认为是软柿子……"

这次，组长基本搞清楚了事实，但并没有抓住问题的关键，完全凭着主观感情为负责人开脱，接下来员工会怎么想呢？他大约会在心里咒骂组长是个十足的混球，并发誓以后不再跟他吐露一字。

倾听的第三层次

这种倾听者会主动在表达者的信息中寻找最核心的部分，并获取其中有用的信息。在整个沟通过程中，专注于表达者说话的内容，并能设身处地站在对方立场上思考问题，采取询问而不是辩解的方式对待表达者。

处于第三层次的人是一个优秀的倾听者，在听的同时，对信息进行总结，对问题进行客观判断，这种高效率的倾听在形成积极沟通效果方面起着重要作用。

员工：“事情糟糕透了，一切都没有头绪，我要的东西总是不能按时送到，简直做不下去了！”

组长：“发生什么事了，讲出来听听？”

员工：“事情是这样的，昨天有五位顾客来买震动机，您知道现在是销售旺季，昨天我就下了订单，顾客要求中午送货。但今天上午采购竟然说没时间提货，要等到下午。为此已经有三个人投诉了我，说我欺骗顾客，完全没有责任心。”

组长：“显然，这对你不够公平。我会立刻去找采购聊聊，如果是他的问题，我想他会愿意承担责任。至于那三个投诉，别放在心上，我会去解释的。”

这次组长并没有大费唇舌，而是三言两语就安抚了气冲牛斗的员工，因为整件事情他都了解得非常清楚，并正确判断下一步该做什么，所以能将问题朝着公正的方向处理掉。

比较一下，带动师当然应该以第三层次聆听要求自己，理由不言而喻。

做第三层倾听者的技巧

在倾听的三个层次中，大概有80%的人徘徊在第一和第二层次间，在第三层次上倾听的人只有可怜的20%，但是达到第三层次并没有多少难度，只需要学习一点点简单的技巧就可以。具体如下：

（1）沟通时首先鼓励对方先说话。

一个有表达欲望的人，身上总会暴露出一些信号。

比如，抱怨工作不顺心，或者平时爱说爱闹的人突然变得沉默寡言，心事重重。这时带动师可以主动提出问题，例如，“有什么不顺心的吗，说出来听听”。

记住，提出问题后就闭上嘴巴，听对方倾诉。

（2）倾听要听得清楚，听得完整，尽量不要打断对方。

表达者最讨厌的事情就是在说到兴奋点时不断被打断被反驳，即使表达者有错误的看法，带动师也不要急于纠正，更不要企图用“可是”、“但是”之类的词语强行插入对方的表达过程中。因为没有了解全部事实所作出的判断，往往是错误的判断。

而且，听对方把话说完，也是倾听者表达尊重的一种方式。

（3）要保持语言的及时反馈。

不要打断表达者，并不意味着没有任何反应，像块木头一样倾听。

带动师至少在倾听的过程中及时说几个“是”，或者点头也可以，意义在于让对方了解自己是在认真听，而不是站在那里敷衍。

（4）抓住核心内容，总结判断。

倾听不是跟着对方思路跑，更不是被对方牵着鼻子走。

带动师在倾听的同时，要在心中进行信息汇总：

- 明确表达者到底想让自己知道什么。
- 表达者希望得到什么样的答复。
- 是否能给他这样的答复。
- 原因是什么。

倾听的过程，也是解决上述问题的过程。

（5）先认同表达者观点，然后提出解决方案。

带动师注意，这里是“认同”而不是“接受”。

例如，表达者抱怨同伴在工作中拖他的后腿，带动师听了对方详细阐述后，首先要表示“你的烦恼有充分理由”或者“你说得不错，我也注意到了这一点”。

认同后，可以用个“但是”带出自己对整个问题的客观看法，这至少不会引起对方强烈的抵触情绪，有利于事情的圆满处理。

四、建立双向交互式反馈模式

心理学家做过一个有趣的实验：把30个儿童每10人分成一组，对第一小组，发现做得好的地方就进行表扬；第二组任其自由发展，不予理睬；第三组，发现坏的地方就进行批评。一个月后，第一组表现最好，第三组最差，第二组平平。然后交换态度对待第一组和第三组，第二个月后会发现，第一组孩子的表现在变坏，第三组则明显改善，第二组还是老样子。但是如果把这个实验放在成人身上，最坏的却永远是第二组。

原因是第二组永远得不到反馈，永远不知道自己做得怎么样，结果只会越来越差。这就是说，即使是批评式的反馈，也比无所表示要强。

良好反馈＝良好业绩

在完整的沟通过程中，反馈是不可或缺的一个环节，沟通中75%的问题是通过反馈或重复反馈的方式来完成的。至于反馈到底能有什么好处，不妨看一看：

（1）反馈能以三言两语解决大问题。

丹服饰专卖店有个卖场的销售额一直没有起色，在没有更好点子的情况下，就将旗舰店的店长吴调到了这个糟糕的店面。

过了两个月，老板发现这个半死不活的卖场似乎重焕生机了，销售业绩稳步增长，成绩喜人。老板非常好奇，问吴用了什么灵丹妙药。吴却说，他什么也没用，只是每天工作前把昨天的工作总结一下，表扬好的，提醒差的，就这么简单。

反馈是一条双行道。有来也有往，才是真正的繁荣景象。

其实，店长做的事情就是在店内建立反馈机制，这样大家能看到别人在做什么，也能看到自己在做什么，自然会向前面的人看齐。

（2）反馈可以及时发现并修改缺漏、错误。

丹服饰卖场销售有了起色之后，吴开始有计划地找个别员工谈心，轻描淡写地随便聊上20分钟。

不久，吴告诉老板，他从员工那里找到了问题的症结所在。他说：这家卖场在同样条件下之所以不能取得更好成绩，是因为卖场获得的限量经典版不够多，有时甚至没有。相反，旗舰店的货舱里却往往有积货，为什么不多照顾一下我们呢，否则品牌的忠诚顾客来到后买不到想要买的东西，以后便不会光顾这家店，那些忠诚度很好的顾客就这样白白流失了。

老板听取了这个意见，随后卖场销售日渐好转，到年底销售额已经可以跟旗舰店一较高下了。

可以看出，店长从员工的反馈中获得了巨大收益，帮助企业改变了经营策略，最终提高了整体销售业绩。

在上述两个案例中，一个是下行反馈，一个是上行反馈。无论如何，反馈都是双行道，带动师在具体工作中要注意反馈的上下互动，如果只是一方唱独角戏，不但容易乏味，还将导致反馈疲倦。

双向反馈之下行“三明治”反馈策略

下行反馈有三种形式：正性反馈、负性反馈和修正性反馈。

（1）所谓正性反馈，就是以表扬为主的反馈方式。

例如，团队某成员工作出色，每天超额完成任务，带动师可以给予适当的表扬，像“你干得很好！”“最近表现很出色，继续加油啊！”等等。

一般情况下，带动师对团队表现优秀者，可以毫不吝惜地进行正性反馈，这不仅对个人，对整个团队都能起到好的激励效果，表示赏罚分明。

（2）所谓负性反馈，就是以批评为主的反馈方式。

例如，团队某成员最近工作比较拖沓，每天只能勉强完成任务，并且没有表现出任何要发奋努力的信号，因此一定要他明白：“你最近的工作状态很不令人满意！”

带动师在平时的工作中，尽量不要采取负性反馈，因为批评的结果只能引来更大的不满，反而促使团队成员更加消极，甚至发展到“破罐子破摔”的糟糕地步。

（3）所谓修正性反馈，是肯定成绩的同时，提出不足，并兼顾语言激励的反馈方式。

修正性反馈又被称为“三明治”反馈策略，“三明治”中的三个组成部分代表着反馈的三个要素。

最顶上的“面包”指的是对某人成绩或优点的肯定，中间夹层中的“肉片”或者“蔬菜”，是那些需要改进的内容，最下面的“面包”则是一种鼓励和期望。

例如，一位新来的卖场销售业绩一直不错，带动师要对其工作状况进行反馈，就可以应用“三明治”策略。

首先，带动师肯定新员工：“你干得很出色，最近三个星期，你的销售业绩都是整个卖场中的佼佼者。”然后需要提出意见：“不过，我有时会注意到你跟同伴交谈的时间过多，当然，工作时间需要一些必要交流，但我认为排除那些不必要的交流，你会节省出更多销售时间。”这样可以戒骄戒躁，让最优秀者也有一个目标。最后：“看来你也同意我的观点，更重要的是我相信你会成为团队中的销售之星，到时候你的照片会出现在明星员工榜上！”

比较三种反馈方式，最不可取的是负性反馈，最适合带动师的是“三明治”反馈策略。在平时的工作中，要以“三明治”反馈策略为主，多用正性反馈，对于负性反馈，要持谨慎态度，只在非常必要时使用。

双向反馈之上行反馈方式

既然是双向交互式反馈，就不单是带动师向团队及团队成员进行反馈，团队及团队成员也要向带动师进行反馈。反馈本来就是条双向道，有来有往，信息相互流通，才能形成一个上下和谐的团队。

建立上行反馈的小方法是：

（1）设立“赏金猎人”。

“赏金猎人”是从游戏中借用来的概念，意思是对那些能够发现工作错漏，并及时反馈的团队成员进行一定奖励的方法。

利群超市面包区新开发了几种夹心面包，可是销量却并不好。导购张丽相信这不是面包本身的问题，热面包变凉后无论从色泽还是味道上都没了优势，顾客自然不会积极选购。考虑再三，张丽向组长反映，希望面包新出炉时能够通过广播告诉卖场所有顾客。

这个反馈意见很快被采纳，效果非常好。顾客一听到面包出炉的消息，都赶到面包区，希望买到刚刚烤出来的新面包。而张丽也因为提了好建议，受到考评加分的奖励。

“赏金猎人”，主要是一个“赏”字，只要对提高绩效有所帮助，就应该大刀阔斧地进行奖赏，使更多的团队成员愿意去发现工作中的漏洞，积极提出建设性意见，打造一个群策群力的优秀团队。

（2）印制反馈表格。以下是某销售部门的周工作反馈表。

周工作反馈表

年　月　日　　第　周　　　　　星期

<table>
<tr><td colspan="3">姓名</td><td colspan="3">部门</td></tr>
<tr><td rowspan="6">周工作汇报</td><td>产品类别</td><td>销售量</td><td>销售金额</td><td>存货量</td><td>备注</td></tr>
<tr><td>A 产品</td><td></td><td></td><td></td><td></td></tr>
<tr><td>B 产品</td><td></td><td></td><td></td><td></td></tr>
<tr><td>C 产品</td><td></td><td></td><td></td><td></td></tr>
<tr><td>……</td><td></td><td></td><td></td><td></td></tr>
<tr><td>总计</td><td></td><td></td><td></td><td></td></tr>
<tr><td rowspan="3">自我工作评测</td><td>进步点</td><td colspan="4"></td></tr>
<tr><td>不足点</td><td colspan="4"></td></tr>
<tr><td>改进措施</td><td colspan="4"></td></tr>
<tr><td rowspan="3">意见</td><td colspan="5">意见 1：</td></tr>
<tr><td colspan="5">意见 2：</td></tr>
<tr><td colspan="5">意见 3：</td></tr>
<tr><td>建议</td><td colspan="5"></td></tr>
</table>

通过这种定期填写的表格，带动师很容易掌握整个团队的状况，但前提是保证这些表格内容的真实性。对于意见或建议，本着有则写没有不乱写的原则，不要流于形式。

五、科学处理团队冲突

“世界上只有一种团队不存在冲突，那就是由一个人组成的团队。不过，对于冲突我们也不必神经紧张，因为这里有足够的智慧可以应付。”团队管理顾问亨利·马修曾指着自己的脑门如是说。

根据自然法则，有生命存在的地方就会有争斗。即使是植物，也为水和肥料在土地下面暗自较量，何况是思想复杂的人类。

团队冲突的必然性由人类个体的差异性所决定。换句话说，只要差异存在，冲突就不可避免。

善待冲突的有效性

采用正确的方式对待冲突，那么冲突也会成为团队沟通的好机会。

任何事情都有好和坏两个方面，想问题不爱动大脑的人看到“冲突”这两个字，立刻会反映出破坏性、反面、不利这样的字眼，其实这只是事实的一个部分。对于带动师来说，还必须看到另外一部分才算合格。

事实的另一部分是，冲突有它积极的一面，这并不太出人意料。

（1）冲突的暴露可以发泄积聚在内心深处的不满情绪，增强团队凝聚力。

团队中两个性格不合的人，平时积怨日深，忽一日发作出来，却不打不相识，成了好朋友。这样的例子不胜枚举，摩擦和矛盾也是增进感情的一种方式，只是略显极端，效果不好把握而已。

（2）冲突可以促进个人以及团队的成长意识。

在冲突的过程中，必然有一方处于优势，而另一方则处于弱势。弱势受到刺激，会发愤图强，以积聚能量对抗强势。

（3）冲突可以使两个团队力量趋于平衡，以防止无休止争斗。

这就像《三国演义》中的局面一样，本来刘备最弱，曹操最强，势力不均导致吞并战争。结果赤壁大战，曹操力量被削弱，三方势均力敌，谁也无力吞并谁，反而奠定了三足鼎立的局面。

因此，带动师处理团队冲突时，要充分利用这些优势，例如：

- 注意团队冲突中那些浮出水面的固有的症结，调查清楚后予以解决，而不是和稀泥。
- 注意个人在冲突中所暴露出的错误观念、思想，及时予以纠正，而不是加以纵容。
- 引导冲突往良性方向发展，使冲突变成大家互相了解的机会，而不是一味打压。

积极规避冲突的有害性

冲突的有害性经常被人为扩大化，导致过分注意，这不但不利于冲突的解决，还有可能导致冲突升级，局面会更加糟糕。但这并不是说对冲突的有害性不闻不问，正确的方法是采取积极的规避措施。要做到这一点，首先需要从了解冲突的有害性入手。

冲突的有害性主要表现在三个方面：

- 导致团队凝聚力降低，协作受到影响。
- 在团队中制造紧张和敌意，降低成员对团队的关心程度。
- 严重的冲突将直接影响团队寿命。

既然冲突本身不可避免，就在冲突结果上动动脑筋。对带动师来说，需要的是一个团结合作积极向上的团队，而不是彼此冷漠互不关心的团队。

要合理规避冲突的有害性，可以：

（1）尽量降低冲突的频繁性。

冲突尽管有其积极的一面，但破坏性却是与生俱来的，在可以选择的前提下，尽量避免冲突发生。这就需要带动师在团队内营造坦诚、宽容的氛围，降低冲突出现的频率。

（2）冲突发生后在第一时间进行处理。

王双和刘小兵都是胜百超市的导购，因为货区卫生扣分，责任不明导致冲突。

这两个人下班后在更衣室互相辱骂，组长赶到后及时进行制止。由于当时是下班时间，组长就让二人回去好好想想，第二天再进行处理。

次日二人均表示自己不好，并互相道歉。组长以为没有事了，却不想二人各自纠集朋友，还没等下班就在超市门口展开了群殴，成了超市开业以来最大的丑闻。

冲突发生后不能及时找到症结，就会导致误解升级，有的时候虽然外表看起来和好如初，其实暗地里却针锋相对，只是等待时机爆发更大的冲突。

因此，带动师面对冲突时，要本着今日事今日毕的原则，不能让冲突过夜，更不能拖着不解决。

（3）冲突一定要处理彻底、到位。

服装卖场有位顾客在试衣服时，将自己新买的手提袋忘在了试衣间。导购陈星发现后就帮顾客收了起来，免得回来找不到。

陈星将手提袋放到收银台保管，收银员小米问是谁的，陈星随口开玩笑说是自己的。不久，顾客就找了回来，陈星正好到库房取货，小米听到顾客的描述，就拿出陈星存在收银台的手提袋给顾客看，顾客一眼认出正是自己丢的。小米看到这种情景，禁不住嘀咕道：陈星怎么说是她的。

结果陈星回来后被顾客认定是小偷，事后陈星认为是小米在故意诬陷她，就与小米争辩起来。

组长在没有了解内情的前提下，批评陈星不该随便动顾客的东西，同时责怪小米收银台不是储存柜，怎能随便放东西！

事情处理到这份上，结果可想而知：两个人都觉得自己好心被当作了驴肝肺，以后便不做那个好人了，这样损失的只能是团队。得到负面教育后，陈星不会为顾客去着想，小米不会再帮助同事，团队内不能和谐相处，对外不能为顾客服务，只能越来越糟。

如果带动师也面对同样的情况，又有足够清醒的话，就应该充分了解事实真相，这样才能公平、公正地处理冲突，同时最大限度地维护团队的利益。

掌握冲突处理的基本策略

既然冲突不可避免，那就需要掌握处理策略，这叫做有备无患，以免冲突出现时手足无措，导致冲突升级矛盾恶化。

策略一：竞争的策略

竞争策略，是指采用强制措施执行决策，目的性强。

对于带动师来说，适合采用竞争策略的情况有：

（1）遇到紧急情况，需要快速作出决策的时候。

例如，卖场内出现事故，并有员工因此受到伤害时，无论谁对谁错，都应该当机立断马上把伤者送到医院。

（2）执行重要但不受欢迎决策的时候。

例如，节假日期间延长工作时间，尽管团队成员都表示反对，但必须保证他们在第二天准时上下班，不能出现迟到早退现象。

（3）当团队成员企图利用非竞争性行为，扰乱团队正常秩序的时候。

还是上面延长工作时间的问题，如果员工认为执行者平时性格随和，而不服从其指令，执行者有必要采取硬性措施，例如，通报批评或扣罚考评计分来维持团队正常秩序。

竞争性策略的优点是可以在第一时间快速有效地解决问题，缺点是不能触及冲突的根本原因，也不能令对方心服口服，只是强迫对方去完成。因此在冲突危机解除以后，带动师有必要对自己的行为作出必要的解释。

策略二：迁就的策略

迁就策略是指一方为了抚慰另外一方，以维持良好的关系，愿意把对方的利益放在自己的利益之上，愿意自我牺牲，遵从他人观点。

适合使用迁就策略的情况有：

（1）当事件本身不够重要时。

例如，中午提供的工作餐质量不够好，或者工装太过陈旧，可以向上申请，在不耗费太多财力的情况下，满足团队大多数人的要求。

（2）当保持和谐比分裂更重要时。

例如，为掀起五一黄金周销售热潮，对4月末最后一周的销售冠军进行高额奖励，却导致其他月份销售冠军不满的时候，为服务五一大局，避免内部分裂，可以暂时把4月成绩累积成分数，一起加入五一销售额的考评当中。

（3）当竞争策略难以取得成效时。

还是上面延长工作时间的问题，如果员工反应非常激烈，并表示不发3倍工薪就集体罢工的时候，就要迁就员工一方或通过加薪或进行补贴来解决纠纷，以避免事态恶化。

迁就策略的优点是不容易引发新的冲突，以宽容为主旨。不过有被视为软弱的可能，从而丧失在团队中的影响力。对于这个重大缺点，带动师应该保持自己的底线，不能做老好人。

策略三：合作的策略

合作策略是指主动与对方一起寻求解决问题的办法，是一种互惠互利，局面双赢的策略。

一般情况下，当冲突双方利益都很重要，而且不能折中处理时就采取合作策略。

例如，敏感的销售提成问题，上面要压，下面要提，既不可强迫，也不能迁就，那不妨坐下来开个听证会。可以尝试双体制运行，即在某销售业绩内执行一个提成标准，超过此业绩执行另一个销售标准。这样能维护双方利益，并能保持团队工作积极性。

合作策略的优点很明显，不损害双方利益，能在最大限度上获得皆大欢喜的结局。但缺点是要耗费比较多的精力和时间，而且达到双赢往往比较困难。如果是思想观念上的冲突，则不适宜使用合作策略，竞争策略的效果反而要好一些。

第五章

热销氛围激发消费冲动

正确陈列，可提高销售额的 10%

巧妙运用 POP 赢取利润

用店内广告刺激购买欲望

将滞销产品变成“抢手货”

时令促销，激发冲动性消费

一、正确陈列，可提高销售额的10%

法国有条经商谚语：即使是水果蔬菜，也要像一幅静物写生画那样艺术地排列，因为商品的美感能撩起顾客的购买欲望。

而实践证明，当陈列货位由4个减少到2个时，销售额将减少48%，从3个货位减少到1个货位，销售额则减少68%。相反，货位由2个增加为4个时，销售额随之增加40%。也就是说，商品销售跟是否陈列有必然关系。

陈列≠审美追求

几乎所有世界著名品牌都非常注重自己商品陈列的方式，哪怕是一条小小的领带，怎么摆放也大有规矩。比如，GH的领带一定是卷成卷，放在一个个小方格内；BOSS的领带则要挂在架子上卖；至于JOOP的领带却似乎是随意地铺在工作台上……

正确陈列可能够提高10%的销售额，反之则会损失10%的销售额。

每当新产品上市或换季时节，新款时装款式如何搭配、色彩如何和谐、配饰如何选择，都有专门陈列师设计，并将完美无瑕的陈列方案提供给各个专卖店，至于那些散布在世界各地的专卖店，则只需“照葫芦画瓢”，坐收渔利便可。

在中国的店铺中，带动师完全可以起到陈列师的作用。当然，首先要了解一些必不可少的陈列知识。

商品陈列不是为了追求审美享受，主要目的是吸引顾客的眼光，引起顾客的兴趣和购买欲望，因此陈列应遵守五个“利于”原则：

（1）利于商品的展示。

要让顾客一进门就看到商品。

（2）利于顾客方便取拿。

使顾客在最短时间里，以最直接方式找到需要的商品。

（3）利于刺激顾客购买欲望。

重点商品、新进商品、稀缺商品、流行商品摆在顾客最容易看到的地方。

（4）利于提供商品最新信息。

将最新商品摆在最前面或视线容易触及的高度，可以一种无声的方式对顾客产生引导力。

（5）利于提升商家和商铺形象。

良好、有序、易于购买的环境，容易引起顾客的好感，提升商家和店铺形象。

堆放式陈列：以数量制造“声势”

堆放式陈列是一种把同一类商品摆堆展示的方法，堆放式陈列以庞大的商品数量形成一定气势，所以被认为是最容易吸引顾客眼球的陈列方式。

一般来说，数量少而体积小的东西不容易引人注目，必须使小商品和形状固定的商品成群排列，积小成大，集少为多，制造视觉冲击。这种冲击有时候可以形成视觉错误，造成产品丰盛的感觉。例如，水果店中，在斜着置放的水果柜台后面放上大镜子，看起来商品就显得琳琅满目。

为增加堆垛的视觉效果，还需要注意的是：

（1）摆出独特造型的堆垛更吸引顾客。

从心理学的角度来说，有形物体，比如几何图形的物体更能引起人们的注意，特别是组合型的几何图形，越复杂就越能吸引顾客。

例如，下面这幅×××医药用品包装的堆垛。

（2）可以利用相应的陈列架。

有很多商家专门为自己的产品准备了具有宣传作用的陈列架，这些陈列架不但能起到堆垛的效果，而且能以自身特色最大限度地宣传商品。

例如，右面这种可口可乐饮料的陈列架：

（3）高度越高、堆垛越大越吸引顾客。

堆垛本来就是以数量取胜，但是在堆大垛和高垛的时候，要注意商品的稳固性，下面必须使用平台。如果可以的话，层与层之间要使用相应的隔板。

用色彩搭配出的销售气氛

> 色彩比形状和图案更能在人的感官中形成震撼效果，因此商品陈列在色彩上一定要下足工夫。

营造主题色

很多世界品牌的服装每个季度都推出自己独特的流行色，导致很多专卖店都有浓重的色彩倾向。例如，2006年春季装上市时，KAMA专卖店就是驼色和粉红色的天下。

针对这种情况，在商品陈列时一定要突现这种主色调，形成色彩优越感，比如，淑女装强调的粉红色。即使平时排斥这种颜色的顾客，在这个粉红世界的感染下，也会产生购买欲望。

例如，下面这家专卖店色彩的搭配，突出粉红色主题。中间三款悬挂服装以及右边两排货架都摆放了粉红色系的服装。右上部分半身模特身上也是粉色系服装。中间下方有四种颜色，可以避免色彩过于单调，同时也起到相映成趣的作用，并不影响总体上粉色的清丽感觉。

两种对比强烈的颜色放在一起，能在最大限度上考验视觉的张力，给人强烈的视觉冲击。

制造强烈色彩对比

例如，下面这幅耐克鞋专卖店的陈列方式，从整体上看有三种主要颜色，黑色、白色以及蓝色。其中黑色和白色对比明显，白色又和蓝色形成强烈对比，使顾客第一眼看过去就被征服，进而引发购买欲望，这就是所谓“瞬间销售”的一种体现。

(图片效果请见 www.every-day315. com)

带动师要玩转色彩，需要掌握色彩陈列的一般规则如下：

(1) 基本口诀是：左浅右深，左冷右暖，上浅下深，前暗后亮。

(2) 四季色彩搭配：春：粉红、绿；夏：蓝；秋：黄、橙；冬：灰、蓝、黑。

(3) 同色系深浅垂直排列。

(4) 彩虹色系水平排列。

(5) 强调亲和的暖色系，适合餐饮业。

(6) 强调沉着感的冷色系，适合精品业。

附录：色彩类型表

类　型	颜　色	表达趋向
暖色	红色、黄色、橙色	代表着温和、热情
冷色	蓝色、绿色、紫罗兰色	创造雅致、洁净的环境
泥土色调	棕色、土黄色	朴实、淳朴、温暖而不张扬

（图片效果请见 www.dianliang.com）

陈列分寸，高低有别

崔文是一家纺织公司的销售员，业务范围主要是各种毛巾、浴巾、毛毯等。他们的产品知名度一般，尽管在各大超市都有销售，但就是业绩上不去。现在产品从质量和外观上都改进了很多，可顾客还是不买账。

怎么办？崔文在超市连续转了几天，发现顾客在挑毛巾的时候，很自然地从中间货架挑起，并且通常是横向挑选，而不是纵向，结果导致摆在中间货架的两个品牌销售量格外高。

原来如此。崔文找到销售导购，说服他试着把各品牌按照纵列摆放，中间货架维持四五个品牌的样子。这样过了一个月，不但崔文的产品销量提高了，其他几个品牌的产品销量也随之上升，超市的销量整体得到了提高。

很明显，陈列的高度对销售情况影响颇大。超市让一种或两种品牌独占优势高度，是地势利用的重大失误。对于专卖店面来说则并不如此，有时为了让主打商品短时间内提升销售业绩，可以大胆采取这种方式。

总之，带动师要利用陈列高度提高业绩，就必须了解高度对销售情况的影响力。有数据表明：

A 区（在平视及伸手可以触及的高度）商品出售概率为 50%。

B 区（在头上及腰间高度）商品出售概率为 30%。

C 区（在高过头和低于视线处）商品出售概率仅为 15%。

根据上面可靠的数据，可以得出相应的结论：

A 区：摆放最重要的商品、新进商品或主推商品。

B 区：摆放销售成绩稳定、品牌知名度稍次的商品。

C 区：摆放顾客需求量少、起美化空间作用的商品。

例如，下面图片中，摆在货架最上层的就不是主题商品，而是很有情调的陶罐，并且跟整体货架设计趋向一致，有互相配合的作用，强调了商品古朴而具有工艺性的特点。

不过，根据商品的消费群体不同，陈列高度的要求也有不同。

假如依照陈列高度将货架分成三段，那么：

（A 区）中段：为手最容易拿到的高度，男性为 70～160 厘米，女性为 60～150厘米。

（B 区）次上下段：为手可以拿到的高度。次上，男性为 160～180 厘米，女性为 150～170 厘米；次下，男性为 40～70 厘米，女性为 30～60 厘米。

（C 区）最上下段：为手不容易拿到的高度。最上，男性为 180 厘米以上，女性为 170 厘米以上；最下，男性为 40 厘米以下，女性为 30 厘米以下。

这三个区段也同样适合上面 A、B、C 三区的商品陈列原则。

（图片效果请见 www.xy168. com）

联想式陈列提高销售额

所谓联想，就是由这一商品想到另一商品，两种商品在使用上存在某种联系，因此陈列时要放在一起，以联想陈列引发顾客的连续购买。

张明要给自己的男友买一件短袖 T 恤，经导购介绍看中了正在促销的 39 元蓝色 T 恤，正要购买时，看到旁边有同样颜色款型的女款，心想：自己也买一件吧，虽然 T 恤已经很多，但买下这件就跟男友有情侣装了，一起走在街上多甜蜜呀！想到这里，张明毫不犹豫地买了两件。

显然，张明开始并不想给自己买衣服，但看到女款 T 恤后，联想引发出新的需要。这样店铺就从张明身上获得了双倍的销售利润。

其实联想陈列非常简单，比如很多超市酒类货柜上都挂着一排开瓶器，而卖香烟的小店，柜台上一定摆着打火机，这样既能方便顾客，又可以增加销售利润，何乐而不为呢。

（图片效果请见 bbs.taotian.com）

联想陈列的方法：

（1）程序性联想。

例如，买了啤酒要用开瓶器，接着需要倒进杯子里才能品尝，因此啤酒、开瓶器和啤酒杯可以摆在一起。

（2）全备式联想。

比如，人们买了一件上衣，就要搭配合适的裤子、鞋子以及帽子，那么这些东西就可以摆放在一起。

（3）关联性联想。

比如，人们会把女性用品和婴儿用品摆在一起，因为一般在家庭中女性负责照顾婴儿的衣食。

（4）需求式联想。

例如，上面买T恤的案例，买男式T恤的女生可能需要一件女式T恤来组成一套情侣装，或者买染发剂的人需要买护发素，以保持头发不被损害等。

可以观察右面图中的陈列，采用了何种联想方式。

在右面图中，陈列了三种品类的商品，分别是工作包、服装和眼镜，明显运用的是全备式联想，看起来效果不错吧。

二、巧妙运用 POP 赢取利润

所谓 POP，就是 Point of Purchase advertising 的缩写，意即在卖场中提供商品与服务信息的广告、指示牌、引导等标志，是一种时尚而流行的海报形式，也称为焦点广告。

小巧玲珑的赢利高手

POP 作为店内广告，具有小巧灵活、针对性强的巨大优势，其作用也不可忽视。

- 可以吸引顾客进入卖场，特别是那些标明折扣或甩卖的 POP。
- 能够传达卖场商品信息，比如，介绍新产品的 POP。
- 提高商品陈列的视觉效果，尤其是制作精美的 POP，能带给人审美享受。
- 刺激顾客的购买欲望，比如，儿童用品店在 POP 中大量使用卡通图案、卡通明星等。

事实证明，POP 比商品本身更能吸引顾客的注意力。

- 体现卖场个性，打造独特卖场形象，特别是那些张扬个性魅力的 POP。

在卖场中，一个好的 POP 的作用完全可以等同于一个优秀的销售员，如果运用得当，其功用甚至可以超过销售员。

赵慧租了一家鞋店的二层阁楼干起了服装生意，主要经营大号和肥胖服饰。尽管下面有个招牌，但光顾的顾客还是很少。

赵慧想如果招聘一个导购员在一层入口宣传，效果肯定会好，但自己做小本生意，哪雇得起人。后来就想到了 POP，于是请朋友帮忙画了一幅漫画：一个肥胖的女士提着十几个手提袋，高兴地喊道："终于买到了！"上面是"胖妞服饰店"的卡通字，右下角则是一个"上二层"的指示牌。

把这幅逗人的 POP 贴到一层后，果然顾客盈门，引来了不少胖朋友，销售额转眼之间翻了几番。

POP 的良好促销功能，决定其本身应具备以下特点：

- 时效性强：必须随着卖场销售计划及时进行变化；
- 成本低廉：只有低廉的成本才不会限制 POP 广泛使用；
- 形式美观：这样才能很好地吸引顾客的注意力；
- 活泼创新：达到真正刺激顾客购买冲动的目的。

POP 的制作和使用方法

POP 制作面面观

制作 POP 有几种不同的方法，可以手绘，可以印刷，也可以用电脑软件制作：

（1）手工绘制。

传统的 POP 一般采用手工绘制，也就是通常所说的手绘 POP。

工具：麦克笔、高克数铜版纸或普通打印纸。

色彩：不要超过 5 种色彩，最好在 4 种以内，并且强调季节感，例如，底色选择上春天可以使用粉色调；夏天可以使用蓝色、绿色调；秋天可以使用橙色、黄色调；至于冬天，则可以选择红色调。除此之外，还要尽量让顾客联想到商品的优势。

例如，下面这张促销蛋糕的 POP，在色彩上就让人联想到美味、好吃。

书写：所选字体一定要极具亲和力，字体颜色搭配要合理，字体大小及颜色轻重要与促销活

动重点一致。标题要求字少、骨粗、字大。

例如，下面烤肉 POP 中，字体从粗细上做了不同区别，“烤肉”二字映入眼帘，接着读到的是价格信息。

内容：简单、简练，容易懂。其措辞风格应该直接反映商品特性、用途以及面对的消费者群体等，例如，儿童玩具类的 POP 应该活泼可爱。而且，内文应控制在 20 字以内。

例如，下面这幅 POP，内容丰富但不累赘，充分体现了主题。

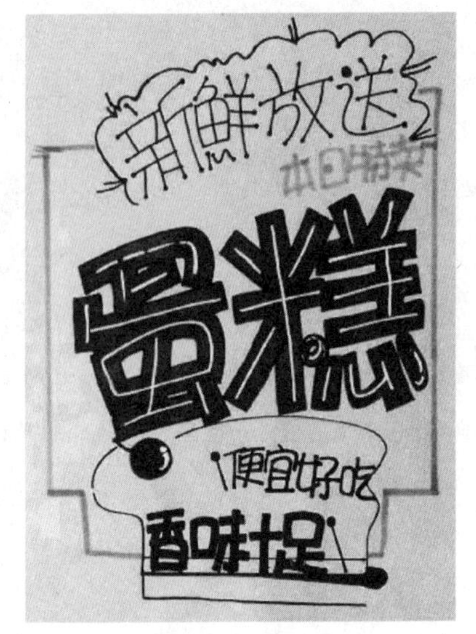

(图片来自 flashad.cn)

(图片来自 www.meimeiblog.com)

(图片来自 www.86look.com)

（2）套写 POP。

这是目前我国主要采用的 POP 制作方式，即采用事先印刷好的 POP 进行书写，一般都采用高克数铜版纸，A2 纸每幅在 2 元左右。

例如，下面这幅中关村海龙大厦的 POP 就是套写典型。

（图片来自 www.beareyes.com.cn）

套写 POP 制作相对简单，属于半手工性质，基本要遵守上面手绘 POP 的要求，一般情况下突出强调价格优势。

（3）电脑设计 POP。

欧美零售业发达的国家，POP 一般都用软件设计完成，通过专业打印设备进行批量输出，这种方式制作的 POP 称为机制 POP。

例如，肯德基或者麦当劳店面中常常悬挂打印的 POP 广告，制造出整齐划一，创意新颖的 POP，向消费者传递信息的同时也极大地促进了商品销售。

（图片来自 www.xici.net）

POP 制作系统的应用软件主要有：POP 模板排版软件、POP 批量打印软件、POP 促销商品数据库管理系统。

POP 制作系统硬件包括：普通 PC 机、大幅面彩色打印机（A1、A2）等。

机制 POP 需要专业设备，而且一般是企业统一行为，作为带动师对此不必深入研究。

POP 广告的设置与摆放

POP 广告的摆放是否科学，直接影响到其宣传效果，因此在摆放时要注意几个方面：

（1）高度：悬挂式 POP，悬挂高度既要避免因距离商品太远而影响促销效果，又要防止遮挡消费者的视线；张贴式 POP，张贴的高度在距离地面

70～160厘米的高度范围内比较合适。

（2）数量：POP广告并非越多越好，数量过多的POP广告会让人产生厚重感、压抑感，遮挡通道内的消费者视线，影响购物心情，产生适得其反的效果。一般一个促销货架悬挂一张POP就可以了，而且两组POP之间要留出视觉空当。

（3）时机：POP广告设置时间要与促销活动时间保持一致。过期的POP广告要及时清理掉，以免给消费者造成消费误导。

（4）摆放合理：如果要把POP广告放在橱窗或者货架上，要避免遮住商品；如果把POP广告直接贴在商品上，要注意POP广告的尺寸不能比商品本身还大，一般应该粘贴在商品的右下角。

POP使用自我检查表

在卖场内使用POP帮助促销时，一定要先对照下面的表格进行检查，以避免产生负面效果。

No.	检查项目	校对结果
01	POP标价与价目标签是否一致	
02	POP是否有倾斜、污损、缺漏现象	
03	POP是否清晰且不妨碍顾客的视线	
04	用纸大小是否与商品大小相协调	
05	有无错字或多余不当的地方	
06	字数是否在20个之内	
07	POP上有没有使用冷僻字	
08	POP是否突出了商品的销售优势	
09	对同一商品有无使用重复的POP	
10	堆垛商品的POP位置是否过高或过低	
11	区域内POP使用是否过多或过少	
12	POP色彩使用是否考虑到季节性	
13	POP是否使用了三种以上的颜色	
14	卖场内是否悬挂过时的POP	
15	是否准备了回答POP宣传内容的资料	

三、用店内广告刺激购买欲望

店内广告除了 POP 外，还有几种重要形式，一是张贴商品海报；二是运用模特展示商品；三是店员广告。

用好海报这个销售帮手

这里所说的店内海报并不是 POP，而主要是指产品生产者为宣传自己品牌统一印制的宣传海报。

关于这种海报对于销售的重要意义，可以从某著名饮料公司经理的亲身经历中看出。

"……我们还需要被发动起来连夜贴海报盖住对手。每个品牌的饮料都有自己的宣传海报。在竞争中，为了突出自己的品牌，促销人员会把自己的海报故意贴在对手海报上面。有些当场被发现，就会引起冲突。还有的促销人员是连夜贴海报，目的是保证海报能保留一天。"

不仅如此，该经理还亲身经历过海报张贴冲突事件：在一个批发市场因为张贴产品广告，与对手公司的员工发生冲突，双方各纠集了上百名员工，而且全部装备上刀具、钢管，像黑社会一样。幸亏警察及时赶到，才没有酿成流血事件。

目前，超过50%的消费者的购物趋向来自方向广告引导。

在市场上，销售者之所以为了贴海报不惜“流血牺牲”，正是因为海报对于产品宣传能起重要作用，并且直接关系到销售业绩。

对于店内张贴的商品海报，可分几种情况：

（1）只销售某一品牌商品的店面，即专卖店的海报张贴，应本着突出品牌的原则。

例如，下面这幅×××女装专卖店店内海报，在主壁上贴着身穿英伟服饰模特的时装海报，不仅体现了卖场主题，还调节了整个卖场节奏，制造销售气氛。

（图片来自 www.efmarket.com）

注意：专卖店张贴海报不要过多，更不要喧宾夺主。

最好贴在整个主壁上，能带来视觉冲击效果，对顾客的刺激作用也最大。

当主壁不能使用时，可以分散张贴在其他空白部分，注意不要被遮挡，否则宁可不贴。

例如，下面这两幅店内海报，它没有占用主壁，虽然贴在空当位置，但十分巧妙地和旁边服装融合在一起，形成视觉统一感。

（图片来自 www.yishion.om）

（2）非专卖店海报，张贴时海报要与相关产品对应，这样才能让顾客迅速找到感兴趣的商品。

例如，下面这幅图片所示，在华邦果汁堆垛的下面就是华邦果汁的宣传海报，旁边某品牌酒的展台上也贴着相应产品的海报。

（图片来自 www.pingan119. com）

（3）张贴标示性海报，把潜在消费者吸引过来。

一条街上有两家杂货店相邻，都卖冷饮，但是行人从旁走过，80%都会选择左边一家购买。

原因是左边杂货店老板在冰柜上贴满了漂亮的冷饮海报，行人远远看一眼，就知道这家卖冷饮；而另一家杂货店的冰柜上干干净净，看上去很像卖冷冻牛羊肉的样子，所以大家都选左边一家。

用海报做标示比店面旁竖上“出售冷饮”的牌子更有效，所以千万不可浪费了这个宣传机会。

例如，右面是印度新德里街头的冷饮摊，看看上上下下的宣传多到位。虽然不是海报，但我们完全可以用海报达到这样的效果。当口渴的行人看到那些装在杯子里的水果插上吸管时，就明白这正是可以喝到鲜榨果汁的地方。

（图片来自新浪网）

模特：不说话的销售员

所谓不说话的销售员就是模特，尤其是服装销售业中，模特大量使用，在很大程度上活跃了销售空间，同时宣传了销售商品。

模特使用要想取得良好效果，需要注意几个方面的问题。

第一，模特摆放位置要与货架等相协调，不可突兀，更不可影响顾客购买。

例如，下面这幅图片，模特位置和货柜以及衣架展示相映成趣，看起来错落有致，视觉具有跳跃性，三者又各自独立，组成一个和谐的空间。

(图片来自 www.china.cn)

第二，模特要体现卖场主题，并尽量赋予其表现个性。

例如，下面图片中模特服饰色调很好地表现了卖场主色，对整个卖场来说，既能融合其中，又可起到点睛作用。而且摆设姿势的区别，在很大程度上赋予了模特性格，也间接体现服饰的性格，看起来是不是会产生一些灵感呢？

(图片来自 www.tmchenlie.com)

第三，要让模特更引人注目，需要进行必要的装扮。

（1）装扮模特最普通的方法就是用相应的商品，例如，穿上漂亮的服装，另外也可以给模特戴帽子、墨镜等道具，还可以选择合适的假发。

（2）用不同的造型实现组合优势。

下面两幅图片中，左边的三个模特以大体相同的姿势站在一起，虽然没有脑袋，但这三人组合却能给人留下好感，让顾客联想到三位教养良好、彬彬有礼的男性；右边图片中一组模特横向排列，穿着不同颜色不同风格的服装，看起来活泼，甚至还有点滑稽。

（图片来自 www.image.baidu.com）

通过这两幅图片给予的灵感，可以设计不同的模特摆放方式，比如，三个模特背靠背挽手围成圈，适合运动品牌，表现了运动中的团结精神。也可以把一组着同样服装的模特按照一个姿势密集排队，这样能出现“森林”的感觉，同时对主题服装做了最大限度的强调。

模特能够像销售员一样帮助促销，并且不知疲倦，尽职尽责。但要维持这种良好的状态，需要注意：

- 当模特看上去陈旧感明显时，要及时送到厂家清洗，使其永远保持蓬勃的精神状态。
- 不可以让模特长年累月保持一个姿势，也不要把模特放在一个地方摆上一年，尽量频繁地让模特活动一下，这样才能保持对顾客的吸引力。
- 同一个模特从不同角度看会有不同感觉，多进行不同尝试，以找出最能帮助卖场销售的主题。

员工是促销活广告

海报和模特都是沉默的广告，但销售人员本身却可以做活动的广告。

有个销售员到北京出差，临走前就想到王府井溜达一下，看看能不能给女儿带点什么东西。女儿一直都喜欢美特斯邦威这个品牌，销售员就直奔专卖店去了。

在店里挑选了半天，销售员终于看中一款休闲运动衫，颜色有四五种，这可让他犯难了，不知道女儿穿哪种好看，要是女儿能试试就好了，可这是不可能的呀。正挠头时，抬头一看，哎呀，店里的导购身上穿的不就是吗，蓝白条的，又干净又活泼，看起来很不赖，就是它了！销售员立刻买了一件同样颜色的。

不仅是服装可以通过这种方式宣传，别的商品也可以，比如，零食店的销售员每人挂着一个围裙，围裙上面是零食的宣传图案，这也是活的销售广告。

关于活广告的方式，大可以开动脑筋自发创新，目前可借鉴的方法有：

（1）员工在销售区外以拍手等方式招呼顾客，并口头做促销广告。

例如，北京西单罗宾汉专卖店在客流高峰时，会派遣一个员工站在门口，脚踩高凳，手拿促销品，高喊“50元两件，限时抢购”之类。

（2）员工在销售区进行商品使用演示。

例如，在很多超市经常看到冷鲜区有员工手持锅铲，现场进行加工烹饪，一会儿香味就弥漫整个卖场，吸引顾客前来购买。

（3）员工手持小礼品站在销售区吸引顾客。

例如，有时在黄昏的路边可以看到好利来员工手拿一束气球站在促销糕点货柜边，看到有大人带着小朋友一起经过，就送出一个气球。增加好感之余顾客也会适当关照好利来的生意。

四、将滞销产品变成“抢手货”

根据数据显示，我国目前滞销商品面有所扩大。从经济学上看，滞销商品面达到一定限度，将会导致严重的经济后果，并可能会诱发宏观经济的剧烈波动；从微观层面上看，它将导致企业经营亏损，甚至破产。因此，如何处理滞销商品是每个销售团队都必须面对的问题。

确定滞销商品的标准

要搞定滞销商品，首先要区别滞销商品。常见的衡量方式有：

方式1：以标准销售额为衡量标准。

例如，根据行业的普遍统计数据资料，某种商品月平均销售额大约为5000元，而某品牌商品连续两个月的销售额均低于3000元，就可以确定该商品为滞销商品。

方式2：以标准销售量为衡量标准。

例如，某零售店铺内桶装方便面连续两个月的销售量为700个，低于这个标准的品牌就属于滞销商品。

一个优秀的带动师需要具备化腐朽为神奇的能力。

方式3：以零售店铺销售排行榜名次为标准。

例如，在零售店铺内，按照商品类别，每个月都对货架上的不同品牌同类商品的销售情况进行递减式排列，排名最后的6%就被列为滞销商品。

对于滞销商品一般采取淘汰出局的方式，这样虽然可以最大限度地追求整体利润，但是也会陷入糟糕的“死亡螺旋”。

美益佳超市是一家小规模的便利超市，主要经营日常家用产品，品类齐全，利润还算可以。

时间长了店长就发现一些商品销售额非常低，还占用货柜，比如，针线包、香味剂这类的东西，通常情况下一周卖不出一个。于是就将针线包撤下货柜淘汰出局，换上销售量一直居高的清洁剂；后来又发现高脚杯销售成绩不理想，也采用同样的方式，替换上普通的宽口杯，便宜耐用，一般家庭都喜欢。

就这样经过一段时间的淘汰，店里80%的商品都是原来销售额比较高的东西，可奇怪的是一些老顾客却渐渐不来光顾了，营业额不但没有上升，反而直线下降。两个月后，附近新开了一家日用超市，美益佳却因经营困难关门大吉。

这个案例中提到的问题，是在中小超市普遍存在的矛盾，为了追求经营利润，将一些非重点品类进行逐一淘汰，但淘汰陪衬性质的商品，直接影响顾客的关联性购物和最终营业利润，进而陷入“死亡螺旋”之中。

既然不能简单淘汰了事，那么如何化腐朽为神奇呢？带动师势必要开动脑筋了。

化整为零与化零为整

有的商品一般顾客使用数量少，相比之下零售效果就会好一些；而另一些商品，零售无法凸现优势，相反将几种关联商品组合销售，会受到顾客欢迎。根据这个观点，对于滞销商品的处理可以在“零”、“整”转换上下点工夫。

方法1：化整为零法解决滞销商品。

所谓化整为零就是把通常情况下作为整体销售的商品分解成几个部分进行销售。

例如，在很多超市中，我们常常看到一条鱼被分解成几块出售，这是最简单的例子。

但化整为零并不是简单地把鱼切段的问题，如果是小黄花，再切成几段，那就把原本非滞销商品变成滞销商品了。因此，化整为零也要具体问题具体分析。

（1）对于一般顾客不会整体购买的商品进行“化零”处理。

例如，在上海的超市中，店方将整卷的保险丝分成若干小段出售，在方便了顾客的同时，还提高了销售额。

居家用电会用到保险丝，但一个家庭要花多少年才能用一卷保险丝呢？所以把成卷的“整”变成分段的“零”，避免使用浪费，顾客当然领情。

（2）对于顾客整体购买，经济难以承受的商品进行“化零”处理。

例如，每年西瓜刚上市的时候，销售价格比较贵，3～4元/500克，一个西瓜就需要三四十元，一般顾客会精打细算，宁可用这些钱去买别的水果。但如果把西瓜剖开，按照1/4大小出售，每块7～10元，顾客会愿意花这部分钱去尝个新鲜。

（3）对于整体难以销售部分尚有市场的商品，进行“化零”销售。

例如，某老式开水瓶长期积压，款式旧无人问津，而且积压时间越长销售的可能性越小。于是，销售方就把质量很好的瓶胆拆除来单独销售，反而能赚取更为可观的利润。

这种方法对于一些过时货、老旧家电特别适用。

方法2：化零为整销售滞销商品。

所谓化零为整是将类别相同、功能相近的商品组合为一个整体进行销售。

例如，商场中经常把洗面奶、防晒霜、润肤露等组成一个销售套装进行出售，这种例子比比皆是。

同样，化零为整不是简单的捆绑销售，具体可参照以下方法：

（1）将商品组合后能够形成新的销售优势。

例如，北京西单很多外贸小店，出售一些稀奇古怪、便宜但同样都不能穿或者穿上不合体的衣服，挑的人很多，但真正买的人却很少，原因是大家都不知道怎么穿。后来有聪明者就把吊带和小衫搭配起来，把本来的“奇装异服”变成时尚的前卫服装，受到很多年轻女性的欢迎，因为她们觉得这套装太有个性了。

（2）将零散的关联商品化为整体销售。

例如，安徽一家生产文房四宝的老厂，由于市场竞争激烈，笔、墨、纸、砚的销量严重下滑，造成库存大量积压。该厂为此做了详细的市场调研，最后决定将笔、墨、纸、砚外加印泥、印石放在一起包装成古色古香的礼品盒。新产品进入市场后，立刻引起书画爱好者的注意，两个月时间就使这个老厂起死回生。

逆向操作，高价策略把滞销变畅销

一般情况下，商品的价格应该就低不就高，但顾客的心理是非常微妙的，所以这个世界上常有出人意料的事情发生。

在第一次世界大战前夕，一个支持印象派的画商印制了一本精致的画册，里面收藏了很多印象派大师，如德加、雷诺阿、塞尚、莫奈等很有分量的珍贵作品，虽然定价只有2个法郎，但是顾客们却并不买账，画册印制完成后就一直堆在印刷厂房中无人问津。

画商认为降低价格，可能会争取一些主顾，于是他迅速将价格降低了一半，但人们并不因此而多看画册一眼，仍旧一本都没有销售出去。

画商很愤怒，便借口战争将定价提高到8个法郎，奇妙的事情发生了，巴黎那些见风使舵的收藏爱好者们误以为印象派将占据画坛主流，纷纷掏钱购买他们先前不屑一顾的画册，很快，画商就大赚了一笔。

显然，这是“薄利多销”的反例，事实上薄利未必多销，因为在消费者心目中“一分钱一分货”的观念根深蒂固，并很习惯地把价格同商品品质联系起来思考，价格越低的商品质量也越差，如果本来是好的商品进行降价处理，消费者也会认为商品存在某种隐蔽的缺陷。

另外还有一种情况，也表明人们有购买同类昂贵商品的需求。

DIDI专卖店出售一种镀金ZP打火机，它的品质无可挑剔，而且更重要的是价格公道，只售780元，在同类产品中属于物美价廉的商品。

顾客到店里买ZP时，常常一眼就看上它，但是最后往往放弃，而选择那些品质相当只是标价更贵的ZP。这种情况发生多次后，店家改变策略，将这款ZP标价摇身变成1078元，结果，一周之内就把几个月的积货销售一空。

原因何在？因为某些顾客购买某些商品是为了满足虚荣心，展示自己富人姿态。人家问“这个不错，多少钱买的”，回答说700多元和1000多元完全是两种感觉，两种姿态。

只是在实际操作中，不能因为这些少数个案就完全推翻“薄利多销”的经营法则，如果是一块香皂2元卖不出去，打上20元只能彻底卖不出去，所以这种方法对所出售的商品有一定的选择。

一般来说，可用此法的商品有：

- 高档商品，例如，玉器、珍珠、翡翠等等。
- 时髦商品，例如，ZP、发夹、吊坠饰品等。
- 限量销售商品，例如，品牌店的限量版鞋子、服装等。

对于那些明显流行的商品以及日用商品，都不适合这种逆向操作方式。

五、时令促销，激发冲动性消费

目前消费市场上，顾客的购买形态大都属于冲动型购买类型，应用促销活动激发消费者的购买冲动，成了销售者不可不做的大蛋糕。

促销计划拟订及作业流程

组织一个成功的促销活动，要考虑到方方面面的问题，为了使所有工作都井井有条地进行，带动师首先要有一个清晰的思路。

借鉴下面的简易图可以大体看到促销活动的架构，具体安排时要对几个关键点进行把关：

（1）活动主题。

每年5月的母亲节，主题是对母亲的感恩，例如，温馨5月，向全天下的母亲致敬！或者妈妈我爱你！等等，如果想找点特别的，就要自己多动脑筋。

（2）活动时间。

时间长短要根据店铺的大小和活动性质来决定。

如果是母亲节，促销的时间大约在15天，从4月底就开始，并且提前7天准备活动的告知广告，到第8天才开始真正的促销活动。

成功的促销活动需要一个完备的计划和具有亲和力的方法。

（3）活动地点。

活动主要展示区域的选择，要以方便顾客购买为前提。

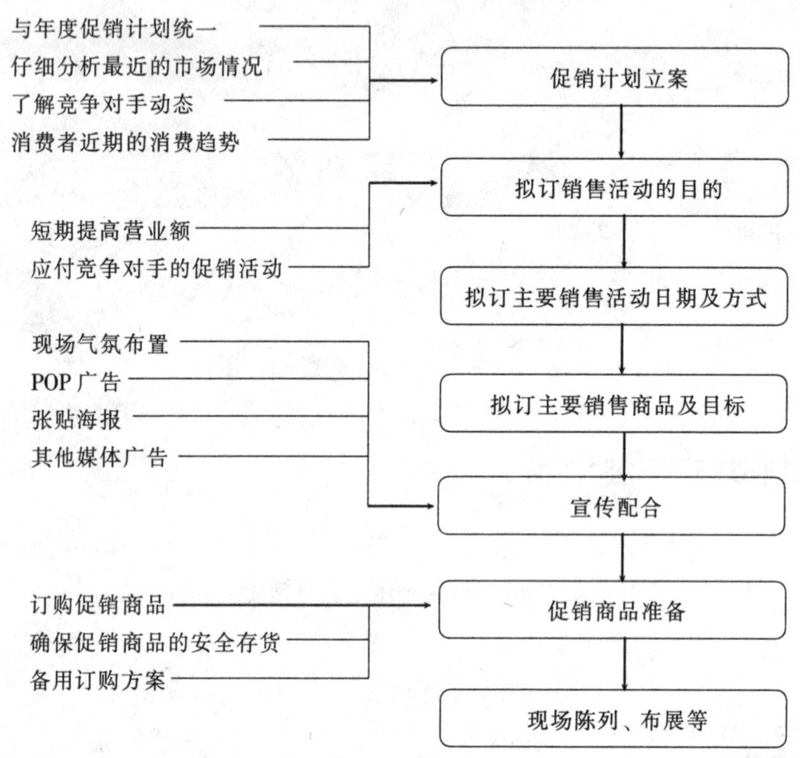

例如，母亲节活动地点一般都是选择店铺最显眼的地方，最好让顾客从门外经过就能感受到浓浓的节日气氛。

（4）活动方法。

还是以母亲节促销为例子，可选择的方法有：

凡在活动期间购买母亲节商品达到100元者，皆可获赠康乃馨一束。

凡在活动期间购买母亲节商品超过100元者，可以参加“我爱妈妈”的抽奖活动，奖项设立：

特等奖：爱心妈妈居家服一套，价值999元。

一等奖：精美厨房用具一套。

二等奖：店内50元销售券。

三等奖：贵宾康乃馨一束。

另外，凡在活动期间购买母亲节商品，均可免费享受包装服务。

（5）商品计划。

首先要推出店内有特色的主打商品，另外再延伸出多样性辅助商品。

例如，母亲节的商品计划，主打商品可以设定为店内品牌家居服饰，附属商品可以是春夏睡衣等等。

（6）媒体工具。

在节日里几乎所有的店铺都要搞促销活动，要使自己的活动更能吸引眼球，就要借助多种媒体工具。

例如，传单、海报、气球、彩旗、店内播音等，在有条件的情况下能配合报纸、电视广告，效果将会更好。

（7）特别企划活动。

如果能在促销时配合一些互动活动，会更有人气。

像母亲节这样的节日，可以组织一些母亲或母子主题的活动。例如：

- 我爱妈妈画展。
- 亲子演唱比赛。
- 才艺妈妈大比拼。
- 最想和妈妈说的一句话。

五种代表性促销方案

目前的销售大环境，是标准的买方市场，商家竞争激烈，为得到更多的利润，几乎所有销售团体都在想方设法为自己的商品找顾客，各种促销手段纷纷登场。对于带动师来说，这方面自不可落他人之后。

屡试不爽的促销方式有：

（1）价格促销。

在所有促销活动中，价格促销一般是最直接也是最有效果的促销方法，因为这是顾客最集中关注的问题。在消费活动中，顾客如果得到价格上的某些优惠，会大幅度提高购买欲望。

价格促销方案一览表

方案	方法	备注
折扣销售	应节应时商品进行折扣让利	折扣、特价品不重复享受优惠
买A送B	买一送一 买二送一 买大送小等	买与送的商品尽量有一定关联性，这样顾客更容易接受
买A件n元	买1件30元 买2件50元 买3件70元等	目的是要增加消费数量
均一价	某系列商品统一按88元销售	取长补短吸引消费
组合价	2~3种关联性商品组合成套出售	成套销售比零星购买享受更高折扣，以吸引顾客

采用价格促销需要注意几个方面：

- 特价会破坏品牌的品质印象，过多的折扣会引起消费者对品牌的忠诚度，因此特价必须有个站得住脚的名目，比如节日、周年庆等。
- 举办促销活动时必须以诚信为原则，诚实标示原价是多少，折扣后是多少，让顾客明白实惠所在。

（2）赠品促销。

在促销中大量使用赠品，迎合消费者爱占小便宜的心理。

一般采取的方式有：

方　式	目　的
买n元获得赠品	目的是让消费者提高消费金额
买A商品获得赠品	目的是提高某一商品的销售额
买n件商品获得赠品	目的是提高消费者购买商品数量

对于赠品的选择，也有一定的方法：

- 以家庭主妇、儿童为赠品赠送对象。
- 一般赠品成本为购买商品的2%～4%。
- 与购买物品相关的配件。
- 印有公司商标的商品。
- 大众商品，例如，厨房用具、卫浴用品、各种水杯等。

（3）抽奖促销。

为消费者准备抽奖，是为了增强购物的刺激性，并增添娱乐效果。不过抽奖要进行条件性限制，比如，只有消费到一定金额才能参加抽奖，这样才能同步提高销售业绩。

抽奖最重要的是要设立有吸引性的奖品，因此在选择上要特别注意：

- 奖品金额要符合促销活动的预算。
- 奖品选择应当是商店目标顾客所喜好的商品。
- 新潮、流行的商品。
- 名牌商品。
- 实用性高的商品。

例如，右图就是2006年三四月方正公司举行的购买笔记本电脑参加大抽奖的活动：

奖项设置：

一等奖：柯达数码相机C340（500万像素）。

二等奖：512M长虹朝华MP3。

三等奖：移动存储器。

纪念奖：毛绒玩具或时钟钥匙扣。

（图片信息来自文三在线）

在采用抽奖促销时，要特别注意必须办理公开抽奖，请律师或消费者监督，花费比较大的，还要在事后通知领奖、代扣税金等，手续比较复杂。

（4）特别时间促销。

特别时间促销就是在特定的时间内对某商品或全部商品给予特别优惠的促销方式。特别时间促销一般可采取：

- 每日限定特别时间，例如，每天10：00～12：00某商品5折销售。
- 开店后及关店前特卖，例如，面包房每天下午6：00后全部6折销售。
- 在特定日期内特卖，例如，五一假期内某商品折扣销售。

限时抢购促销的商品选择和注意事项：

限时抢购商品选择	限时商品促销注意
大众化商品为主	选择人流高峰时间
特卖商品要有质量保障	注意现场气氛营造，可配合“喊麦”提醒消费者
特卖品降价幅度要在20%～50%之间	商品及时更换，保持新鲜感和吸引力

（5）积点优惠。

选择一类商品或全部商品，当顾客购买金额达到某一水准时，就给予点券，由点券的积累总点数来换取商品或作为购物时折扣金额。

例如，下面这幅小广告就是北京市百货大楼积分活动的海报。

（图片来自 www.qianlong.com）

这样做的目的是以额外利益鼓励消费者增加购买量或来店选购频率，培养忠诚的顾客。采用这种方式最吸引消费者的地方是积点券所换购的商品和折扣，所以在换购商品选择上应当注意：

- 换购商品价值越高越能引起消费者积点的积极性。
- 换购品应具有独特吸引力，比如，独家出售的商品。
- 可选择时尚或具有话题性商品作为换购对象。
- 大众性商品，一般不会引起反感。

1～12 月份主题促销活动备忘录

月份	节日、时令	促销活动主题	专题活动
1	元旦 春节	春节礼品展 迎新大优惠 冬季大清仓 跨年盛宴，新春献礼	春联现场送 开门有礼，赠红包 传统民俗展销会，例如，捏面人、打中国结等
2	元宵节 情人节	闹元宵 情人节心相印 寒假总动员 季末清仓	元宵猜灯谜 灯笼 DIY 玫瑰大放送 吃巧克力比赛
3	妇女节 植树节 学雷锋纪念日	春装上市 妇女节大优惠 换季大清仓	服装秀 才艺女士竞赛
4	清明节 愚人节	清明节促销 牛仔运动休闲特卖会 春夏酬宾总动员	清明画展 鸡蛋涂彩创意大赛 愚人游戏
5	劳动节 青年节 母亲节	黄金周大特卖 青年用品专场展销 感恩大回馈 春装清仓甩卖	青年竞技赛（跳绳、街头篮球、街舞等） 妈妈服装秀 免费问候电话

（续表）

月份	节日、时令	促销活动主题	专题活动
6	儿童节 父亲节 端午节	儿童节活动 男士用品特卖会 凉夏生活家电展销 泳装上市 夏装展销抢先买	欢乐儿童，亲子嘉年华 父子卡拉 OK 大比拼 酷爸帅哥选拔会 包粽子快手比赛 吃粽子大胃王
7	（无重大商机性节日，可根据气候特点提炼促销主题）	清凉用品热卖会 冰品大热卖 防晒大礼包	刨冰 DIY 烈日装创意赛
8	中元节 七夕情人节	中元祭品特惠 东方情人节购物有约 夏装清理橱柜展	捉鬼游戏 情人默契大考验 有缘人速配
9	中秋节 教师节	秋装上市 团团圆圆月饼展销会 献给灵魂工程师的敬礼	秋季服装秀 秋冬彩妆嘉年华 嫦娥玉兔征画赛 教师节贺卡 DIY
10	国庆节 重阳节	运动服装用品联合展 国庆疯狂抢购 老人购物节	简易风车 DIY 登高比赛 老照片展览
11	万圣节 感恩节	秋季服装大折卖 万圣节礼品特卖展 秋季感恩庆	鬼故事演讲大赛 南瓜雕刻大赛
12	圣诞节	冬装上市 圣诞礼品选购日	圣诞礼物 DIY 装扮圣诞树游戏

第六章

销售服务用嘴更用心

减少等待时间=提高销售概率

把握亲近分寸，保持顾客消费胃口

心理战术，让顾客打心眼里想买

调动消极顾客的购买热情

处理投诉挽回人心

一、减少等待时间＝提高销售概率

美国人丹·安第斯将人们在购物场所的时间分为四大部分，分别是寻找商品时间、选择时间、等待时间、付款时间，它们的时间分配是：

寻找商品＋付款（不包括等待付款）时间：不超过总购物时间的10%。

选择商品时间：占总购物时间的60%～70%。

等待时间：大约是购物时间的20%。

等待时间包括为商品寻找价格，为价格寻找商品，等待取货，等待付款等等，这部分时间极大地考验着消费者的耐性，直至失去购买兴趣。

于是结论是：增加等待时间＝降低销售额

换句话即是：减少等待时间＝提高销售概率

让顾客多等一分钟不是少赚了10元，而是丢了一个顾客。

商品与价格一目了然

商品和价格在销售活动中是两个不可分割的整体，顾客必须在这两个条件同时得到满足的情况下，才会产生购买商品的可能性。

张小姐到超市购物，看到展台上堆着一堆特价旺旺雪饼，这个品牌的产品她一向比较喜欢，只是价格比同等商品稍微高了一些，这次碰到优惠，价格合适当然要多买几包，看电视时就不那么乏味了。

张小姐想到这里，满心期待去找标价签，上面没有，下面也没有，围着展台转了两圈也没找到。

最后张小姐放弃了这些让她浪费感情的雪饼，买了别的零食。

其实案例中的张小姐已经有足够耐心了，她至少围着展台转了两圈。一项关于顾客在寻找商品价格方面的研究显示：当顾客在 1 分钟内无法看到相应的商品标价时，他们多数会选择放弃。而对于一些耐性比较差的顾客来说，能容忍的时间甚至只有 10 秒钟。

这样看来，标签的问题对销售情况的影响简直到了惊心动魄的地步，可是迟钝的销售者似乎都没有注意这个问题，因此种种不尽如人意的情况依然发生着：

（1）没有价格。

就像案例中张小姐这样的顾客，他们消费非常谨慎，没有确定价格前根本不会考虑购买，以免买到超出预算的商品。

想让一种商品滞销，最简单的方法就是拿掉标签；相反，要提高销售额，首先要有明确的价格标签，多么简单。

（2）只有价格没有商品。

这种情况，可能是相应的商品售完，或者是标签被粗心的贴错了地方，但导致的结果都一样：消费者未能购买该商品，同时还留下了坏印象。

（3）没有折扣后的价格。

在对一些商品进行折扣销售时，在展台上仍旧挂着原来的销售标签，对此消费者只能纳闷：折扣后还是老价钱，这折扣岂非作秀！结果不但没讨好顾客，还影响了店面信誉。

（4）一种商品两个价格。

当消费者看中一款商品准备购买时，发现有两个标签，一个贵一个便宜，叫人相信哪个好呢？最简单的方法就是不买，没有任何风险。

要避免上述小错漏，夺回流失掉的销售额，方法非常简单，就是理货时严格检查，让商品和标签一一对应起来。

另外，带动师可以不定期对店面商品进行抽查，将这项抽查成绩结合到绩效考评中去，可以有效打击这些因粗心造成的小纰漏。

让取货时间变短

在购物时，常常出现这样的情况，顾客选中的商品，货架上已经售完，需要到仓库中取拿，但是当售货员辛苦取回来时，顾客却早已消失得无影无踪，为什么会出现这种状况呢？

刘爽到商场卖鞋，看中了一款水晶凉鞋，但她穿的尺码货架上没有了。

销售员先拿了小码的鞋子让刘爽看看，并询问是否决定购买？刘爽心里的确很喜欢这款凉鞋，但没穿到脚上总是不放心，就表示穿了看效果如何再决定。

销售员有几分不快，但还是为刘爽拿鞋子去了。刘爽则在销售区等，可等了很长时间，都不见销售员回来，她又联想到销售员脸上不情愿的神情，心想：自己是不是被耍了，不然这么长时间做双鞋都出来了！

于是，当销售员拿着鞋子回来时，刘爽已经不见了。

在商品买卖中，没有错误的顾客，只有服务不周到的销售员。刘爽为什么没有等下去？原因有三：

第一，销售员一厢情愿地让顾客承担取货风险。

案例中销售员想让刘爽承诺购买后再去取货，不但没有达成，还埋下了不愉快的阴影。

第二，销售员没有告诉顾客取货大概需要花费的时间。

销售员直接去了仓库，没有告诉顾客大约等多久，也就没有让顾客做心理准备，这样刘爽即使等的时间不长，也会在主观上造成等待时间过长的感受，从而丧失等待耐心。

第三，销售员取货时没有对顾客进行等待服务。

所谓等待服务，就是想办法让顾客消遣等待时间，避免等待时因无所事事而丧失耐性的情况发生。

相应的正确应对方式应该是：

（1）销售员要主动取货，以促成销售。

案例中顾客对鞋子产生浓厚兴趣，销售员要主动提货，态度要热情。

（2）销售员取货时要告知对方大概时间。

案例中销售员可以提前告诉顾客：取货需要 10 分钟，请她耐心等待，这样顾客有了充分的心理准备，就不会觉得 10 分钟漫长难挨了。

（3）销售员为顾客提供等待服务。

比如，销售员为顾客倒一杯水，提供一本刊物，如果没有水、刊物可以安排顾客坐下来等待，或者干脆告诉顾客可以到别处逛逛，10 分钟后回来试鞋。如此应对，相信不光是案例中的刘爽，别的顾客也会十分领情。

（4）销售员尽量压缩取货时间。

这方面依赖于销售员对仓库的熟悉程度，另外在来回路程上，销售员尽量行动迅捷，不可以借故做其他事情，比如，找同事聊天，去洗手间等。

结账分秒必争

在客流高峰期，顾客常常为排队付款而头疼。一项研究表明，人们不愿意选择那些超过7个人的队伍付款，排队时间超过10分钟，顾客就会考虑放弃购买。而大多数顾客不会为了买单个或三个以内的商品去排长队。

换句话说，那些像尾巴一样长，前进速度像蜗牛一样慢的付款队伍会吓退那些准备付款的消费者。

王博是个销售员，中午到客户公司谈合约。正值午餐时间，对方公司除了值班前台，统统外出用餐了。王博打听了一下，对方经理一般1:30左右回来，现在是12:45，还有45分钟，就决定下去转转。

王博进了一家超市，找到自己感兴趣的家电区看了看，最后觉得口渴，顺手拿了一瓶矿泉水。可是到付款区一看，6个收银台只开着1个，而且排了7个人，每个人买的东西都不少。王博看看时间，是13:15，觉得还有时间，也就排上了。

前面有顾客刷卡，收银员由于不够熟练，少刷了顾客1.25元，于是又刷了第二次，这时王博前面还有4个人，有两个拿着银行卡，而王博看看表时间已经到了13:20，只好把水丢下，从未购物通道离开了。

顾客在收银台前容易变得不耐烦，尤其是赶时间的时候。为了避免流失这部分走到收银台前的顾客，带动师可以：

（1）在收银台前陈列商品，分散顾客注意力。

许多超市在收银柜台旁边摆着各种糖果，例如，口香糖、瑞士糖等等，让这些大众性商品吸引顾客注意力，以避免产生不耐烦情绪。

（2）设立快速结账通道。

这一点大超市做得比较好，一般都设有绿色通道，只服务5件商品以内的购物者，避免类似案例中王博的情况发生。

（3）在客流高峰多开收银柜台或代顾客等待结账。

多开收银台可以减轻收银压力，同时加快收银速度。但对于那些只有一个收银台的店铺，比如，服装专卖店，在客流多的时候，销售员可以像饭店服务员一样代替顾客付款，而让顾客在节省的这部分时间选购其他商品。

（4）保证良好的付款秩序。

对于那些只设有一个收银台的销售店铺，大家都围在收银员周围，而不是有秩序地排队，这会吓退后来者，从而丧失购买热情。

收银员和销售员都有义务提醒消费者排队，或在收银台前张贴排队标志。

（5）高峰时不用实习收银员。

实习收银员本来技能就不熟练，如果客流多，队伍长，心理压力变大，很容易造成工作失误，像案例中刷错卡的情况。

为避免这种情况，高峰期必须配备熟练的收银员，而让实习生在早、晚客流少的时候进行练习，或者利用非营业时间练习。

二、把握亲近分寸，保持顾客消费胃口

对于大多数人来说，渴望情感互动的天性恰好匹配了一颗疑虑重重的心。销售员面孔古板，顾客会觉得受到冷遇；销售员如果非常热情，顾客又会怀疑对方心怀叵测。过分冷漠和过分热情无疑都将影响顾客的情绪，要避免这种事情发生，就要同顾客保持适度、安全、可以互动的距离。

四不原则：不冷、不热、不近、不远

场景一：顾客站在货架旁，举着一只鞋子四处张望，寻找导购员的踪影；

场景二：顾客走进一间商店，店员们在热烈地讨论问题，视顾客不存在；

销售者和消费者之间从来就有一个看不见的黄金分割点。

场景三：顾客走过某店面门口，两名年轻的导购员拉住这位顾客的胳膊，热情邀请顾客到楼上看打折商品。

场景四：顾客刚走进商店门口，导购员就上

来介绍某特价商品，并极力劝说顾客试用一下。

上述四种场景恐怕大多数消费者都经历过，当顾客出现在销售区时，导购员的第一反应直接影响着最终的销售成果。相信面对上述四种场景，80%的消费者会打消购买的念头，原因就是导购员没有把握和顾客接近的分寸，前两种情况冷漠了顾客，后两种情况又太过热情，搞得顾客只能落荒而逃。

如何接近顾客才能让对方感到舒服、愉悦，四不原则可以解决这个问题：

（1）不冷，即不冷淡、不冷漠。

当顾客上门，寻找商品时，可以询问对方寻找哪一种类商品，并帮助顾客找到。

当顾客只是随便看看时，或用微笑致意顾客或简单介绍商品，留出空间让顾客自己选择。

当顾客中意某件商品时，主动上前介绍相关知识，并报上价格。如果顾客有其他要求，比如试用，则尽量予以配合满足。

（2）不热，即不过分热情，态度也不过分热烈。

当顾客出现，不要表现得过分热情，采取拉、拽、推等方式让顾客进店更是错误。

当顾客中意某商品时，不要催促顾客试用、试穿，更不要催促顾客付款。

即使店内有某商品确实物美价廉，可以主动介绍给顾客，但不要故意把商品说得天花乱坠，更不要信口开河称商品多么适合顾客。

（3）不近，即不要真的同顾客零距离接触。

任何情况下，非顾客要求，不要同顾客有任何身体接触，尤其是女性顾客。

一般同顾客保持正常的谈话距离，大约是半米之距。不要过分靠近顾客，让顾客失去安全感，更不要让顾客感受到销售员的呼气甚至口腔异味。

（4）不远，即不要同顾客距离过远。

当顾客有需要时，销售员首先要走到顾客近前，然后回答顾客问题。

即使顾客很急切，也不要老远就冲着顾客嚷嚷。

掌握四不原则之后，还要拿捏好同顾客接近的时机，时机也是亲近分寸中的一项内容。接近顾客的六个最有利时机是：

- 顾客寻找商品时。
- 顾客凝视或用手触摸商品时。

- 顾客与同行者讨论商品时。
- 销售员与顾客视线相碰时。
- 顾客探头观看商品时。
- 顾客查对商品标签时。

亲疏之间的温和启发型销售

周明走进一家服装专卖店，导购立刻迎上来问：“先生想买什么？”周明表示自己只是随便看看。

周明看到模特身上穿着一件嫩绿的女士小罩衫，觉得颜色很漂亮。导购立刻介绍道：“这个嫩草青是近年最流行的颜色！先生给谁买呀？”周明要给自己女朋友买，又不好意思说，就含糊道：“还有没有其他颜色？”导购：“这个颜色还不够漂亮啊，你给谁买呀，多大岁数？”

“我还是自己看看吧。”周明感觉很不舒服，想要离开，导购却还跟在后面不依不饶：“不是，你不跟我说我怎么帮你挑啊，你看你这个小伙子！”

这个案例中的销售员表现如此强势，她用审问的口吻对顾客进行穷追猛打，顾客呢，只能落荒而逃。

其实销售员的初衷并不是非要打探什么，但她那些不注意方式的提问好像要强行撕开顾客的私人生活，非常让人难堪和反感。

如果采用温和启发型销售，效果完全不是如此。

周明被女模特身上的小罩衫吸引。

导购员主动上前介绍道：“这种嫩草青是近年最流行的颜色，穿在身上显得特别有青春气息。”（主动介绍商品）

周明：“是挺漂亮的，但是我没有十分把握，没穿到身上谁也不知道效果怎么样？”

导购员：“昨天刚有个和你一般的小伙子给女朋友带了一件，人家一眼就相中了，立刻打电话问了尺寸，拿了就走。”（借用例子，婉转促销。）

周明不好意思地笑道：“可是我女朋友皮肤有点黑……”

导购员："那你就瞎担心了，那种深绿穿了显黑，这种嫩绿这么敞亮，穿上特别显眼，不白也能衬出三分白来，不想给她个惊喜?"（启发：女朋友收到惊喜时快乐的样子。）

周明立刻购买了一件。

对于顾客，采用温和启发的态度比直接询问更容易让顾客接受，这也是销售员提高业绩需要掌握的一项技能，具体需注意：

- 态度温和诚恳。
- 主动介绍商品，但不粗鲁地审问顾客。
- 不要好为人师，更不能显示"我的比你的好"。
- 当顾客回避某个问题时，要立刻跳过去，不能穷追猛打。
- 用启发提问获得好感，比如，"不想试试这种风格吗?"、"来点尝尝也不妨啊"之类。

温和启发型销售介于亲疏之间，既能保持良好的销售氛围，又不会踩到顾客心理的安全警戒线，两者之间关系和谐，成功概率也会有所提高。

LCR：甩掉"上一个顾客的残渣"

亲近分寸的核心是适当热情，而销售员是否能对顾客保持适当的热情度，在很大程度上受到情绪的影响。

方红是服装区导购，有位女士看中了一款套装，就要求试穿一下，穿上后发觉有点大，方红就给她找了小码的，可又有点小，来回试了两三次都没买。方红于是推荐了其他款式，女士又来回试了几次，还是没买。方红都失去耐性了，女士却因为多次试穿兴致勃勃，把能试的衣服都试了个遍，但最后一件都没有买，临走还故意说："什么呀，没有一件合身的。"方红听了心里怒火中烧：折腾了一个上午，不买就算了还说这种话，太缺德了。

方红正在生闷气，另一个顾客过来也看中了前面女士第一次试的套装，也要求试穿一下。方红想也没想就没好气地说："付了钱才能试！"结果遭到顾客投诉。

所谓 LCR，就是"上一个顾客的残渣"。甩掉 LCR 就是不要将来自于上一个顾客的不满施加到下一个顾客的身上。而不是像方红那样，把无辜的顾客当成出气筒，结果要付出惨重的代价，毕竟顾客拥有上帝的权利啊。

如何让销售员不被 LCR 影响，首先要制定相应的纪律，铁的纪律才有铁的保证。另外，也辅助一些小措施：

- 每位销售员准备一个记录本，遇到不快在上面写"气死我了！"进行隐性发泄。
- 让销售员学会深呼吸，把不快像呼气一样排到体外。
- 采用心理暗示，不断告诉自己：我不受影响！我不受影响！
- 在同一个区的销售员互相提醒，不要纵容恶劣情绪。

这些方法虽然有效，但不能从根本上解决问题。要让销售彻底甩掉 LCR，就必须从提高销售素质入手，要知道有些事情是没有捷径可走的。

三、心理战术，让顾客打心眼里想买

心理战被认为是最高明的征服方法，这就是中国古人所推崇的“攻心为上”。下面这幅漫画表达的内容是：一个乞丐利用一个图片案例，抓住人们害怕被看作小气的心理，巧妙地获得施舍的场景。

这种立竿见影的心理战术，同样也被成功引入到销售活动中。

（图片来自笑笑堂网站）

攻心也要男女有别

人类最基本的区分方法就是性别区分，男性和女性，相应的就有男性心理和女性心理，将两者进行对比，会发现结果非常有趣。

一男性到商店购买上衣，直接到货柜前问导购："有没有大号的?"

导购员立刻找出最大号上衣给男性顾客看，果然够大，男性顾客立刻付款，满意地从商店离开。

一女性到商店同样购买上衣，她逛到货柜前先看了最吸引人的衣服，觉得自己穿不上，才问导购：有没有大号的?

同样，导购员马上找出大号上衣给女性顾客，大是够大了，但女性顾客认为颜色不够鲜亮、面料也不够柔软，并且款式有点陈旧。女性顾客犹豫不决，尽管最后还是买了，但啰唆了足足有半个多小时，付款时还很不情愿。

在销售活动中，抓住顾客的心理就等于抓住了顾客的钱袋。

男女有别不仅是生理上有区别，心理上的差别更大。在消费过程中，男女心理不同特征对比如下：

女性购物心理特征	男性购物心理特征
注重外表，容易感情用事	重视质量，理智型消费
"唯我独尊"的观念较强	自信，具有相对客观的判断力
对待利害得失问题非常敏感	不砍价，明知道贵也会付款
富于幻想	务实
遇事拿不定主意，优柔寡断	愿意冒险，非常果断，即使没有把握

根据这个对比，可以看到女性和男性在购物心理上类似互补性的差别，根据这种差别，在销售策略上就要区别对待。

女性顾客攻心秘籍：

（1）对女性顾客，着重强调色彩、款式，因为女性很可能只为了一种颜色而去买一件衣服，这是感情用事的典范。

（2）不要同女性顾客争论，尤其不要贬低对方的品位、眼光，否则女性“唯我独尊”的观念受到打击，会毫不犹豫地放弃购买，并视销售员为仇敌。相反，称赞对方的品位、气质，则可以迅速赢得女性顾客的好感。

例如，看到女士的卷发，询问对方在哪里做的发型，或者问她是不是老师之类，总之是听了让女性暗地里能美一下的话。

（3）女性喜欢对商品挑小毛病，尽管让她们挑，她们不过是想压低价格或争取其他方面好处。“挑货才是买货人”是女性的写照，赚女人的钱要拿出100%的耐心。

（4）只有超出期望值的商品才能引发女性的购买热情，因此销售员不但要满足女性顾客的起码要求，还要给对方点惊喜。

如上面案例中，女性顾客要大号衣服，销售员提供大号衣服的同时，先入为主强调面料、做工等各方面的优势，要让女性有额外满足感。

（5）销售员有意引导，帮助女性顾客下定决心，因为女性顾客怀疑自己的眼光，却容易相信第三者的眼光。

例如，女性顾客在两个颜色间不能抉择时，销售员可以说：两个颜色都不错，但这种更能衬托肤色等，这样可以加快女顾客的付款时间。

男性顾客攻心秘籍：

男性顾客以品质为本，对付他们要真刀真枪拼商品，不要企图用花哨的东西转移男性顾客的注意力。

男性攻心总原则：男性购物就像德国人造的汽车一样，外表看上去平庸无奇，奔跑在马路上所表现的性能却绝对是一流。因此要不厌其烦地强调质量，挖掘一切品质特性。如果是名牌，一定要说明品牌优势。

关于价格：不要主动为男性顾客降价，而要强调物有所值。

老、幼、青、壮购物心理连连看

不同年龄层顾客在挑选同一产品时，会有各自坚持的标准，这源于年龄所附加给消费者的特定购物心理。

同样去购买一副眼镜：
老年人会选择经济实用的，喜欢低价货；
中年顾客会选择质量好的，愿意为品质埋单；
年轻人则会选择那些花哨的，他们为时尚埋单；
儿童则会挑选五颜六色或者带小风扇的，他们为乐趣埋单。

对于销售者来说，年龄是比较容易把握的特征，掌握各年龄层人群的购物心理，可以使服务更能迎合顾客需求。

针对不同年龄层的顾客购物心理特征及应对方法，详见下表：

年龄层	心理特征	应对方法
老年顾客	按照习惯购买 购买心理稳定，不易受宣传左右 喜欢质量好、价格公道、方便结实的产品 对导购态度敏感	首先询问是否有忠实的品牌 介绍强调价格和质量 突出强调价格低的未必质量坏 态度要温和，尊重对方的阅历
中年顾客	理智型购买，自信 考虑家庭实用性，喜欢物美价廉 品质有保障的新产品	给予自我选择空间 介绍价格优惠知名度高的商品 态度要亲切、诚恳、专业
青年顾客	具有强烈的生活美感 追求档次、品牌，前卫 不太注重价格、质量 容易冲动，易受外界宣传影响	称赞顾客的审美品位 强调商品的个性、时尚度 进行煽动性宣传，着重增强青春的优越性
儿童顾客	好奇、猎奇、爱玩 迷恋色彩，容易受外界影响	突出介绍商品的新奇之处 让顾客亲自试用一下商品

特定角色的心理战术

有位老先生去买木雕艺术品，听完销售员的介绍后，老先生很满意，正准备掏钱时，却突然扭头离开了。

销售员非常纳闷，不知道自己什么地方得罪了顾客，他左思右想就是找不出原因。过了一个星期，销售员又看到那位老先生到市场上转悠，就主动去打招呼。

两人说了几句客套话，销售员看对方心情不错，就谨慎地问那天突然离去的原因。“你不知道?”“正因为不知道我才问您啊? 都让我郁闷一星期了!”老先生就说：“还记得我当时跟你提我儿子的事情吗?”

销售员想想没印象。原来症结就在这里：当时老先生说自己的儿子获得了科技进步二等奖，所以才买木雕送给儿子算是激励一下。作为一个父亲他很自豪，也需要别人来分享他的自豪，可销售员当时一心想着卖货，根本没在意什么儿子不儿子的，结果就导致销售失败。

人是社会中的个体，从属于社会环境，担当着各种不同的社会角色。在挑选某种商品时，他的某一特定角色会被凸现出来，像案例中父亲的角色就是当时的特定角色，如果销售员能及时称赞他教子有方之类，相信这单生意就铁板钉钉了。

发现顾客的特定角色：

(1) 当顾客为特定关系人选购商品时。

例如，中年妇女挑选儿童服装，这很可能是妈妈为孩子买的，由此初步确定顾客的特定角色是母亲，在销售时就要强调母亲角色的优越感。

(2) 当顾客在特定节日选购节日商品时。

例如，在父亲节，年轻顾客购买保健品，可以确定这是子女为父亲选购节日礼物。顾客此时的特定角色是子女。

(3) 当顾客言语中透露蛛丝马迹时。

例如，一位女士在购买办公用品时说：“现在的学生都太难管理了，什么都知道!”从这句话就知道这位女士此刻是教师角色。

顾客有意表露购物时的特定角色，是因为内心对自己的角色感到骄傲，即使是无意表露，销售员对其特定角色进行分享、赞美，顾客也会非常领情。

特定角色一般是因血缘关系产生的角色，比如父亲、母亲、儿子等；还有在社会中具有职业优越性的角色，比如教师、医生、作家等；最后还有一些能代表成功度的角色，比如大学生、硕士生、博士生、经理、老板等。

对这些特定角色的攻心赞美要紧扣角色特征：

（1）对血缘性角色。

像案例中父亲提到儿子获奖，就应该夸赞他的儿子聪明能干，即使说句“真了不起”、“真让人羡慕”，也比什么都不说好上百倍。

对于为父母购买保健品的子女，要称赞其有孝心，为老人着想等。

（2）对职业优越性的角色。

例如，对医生应称赞他救死扶伤，或者适当对其优越的福利待遇表示羡慕。

（3）对代表成功度的角色。

例如，对经理、老板们可以称呼为“社会精英”，强调其能力，但未必直接称对方为“成功人士”。对于高级知识分子像硕士、博士一类，要称其“知识渊博”，说起话来也“唇齿留香”。

四、调动消极顾客的购买热情

所谓消极顾客，就是没有明确购物计划，或有购物计划但表现出无意购物的顾客，他们常常对销售员表现出拒之千里的态度，谁要是问他们“买点什么?”他们马上会远远“逃掉”。无论怎样聪明伶俐的导购，都对这样的顾客感到无可奈何。

只看不买的 Windowshopping

“Windowshopping”指的是“橱窗购物”，也就是只看不买的意思。经营者一般对这一类型顾客颇有微词，在感情上是厌恶的，但这种厌恶却不明智。

在上海有一家“上海韬奋西文书局”非常有名，其原因倒不是该书局为全国首个由中国韬奋基金会出资并命名的西文书局，而是这里独特的规定：不买者免进。意思就是说，如果有人在书店里只看书而不买书的话，对不起，书店工作人员会礼貌地请他离开。

经营方明确表示：他们不欢迎那些只看书而不买书的人，此外还声称：他们倡导的是一种图书消费新习惯。但消费者认为该书店行为纯粹作秀，并且大多数人表示如果购书不会考虑这家书店。

让顾客掏出钞票需要相当的智慧，尤其是面对那些缺乏热情的顾客。

事实说明，拒绝只看不买的顾客就等于把所有顾客都关在了门外，如此经营有前途才是怪事。

当然，纵容顾客只看不买也是销售者的无能，如何从 Windowshopping 那里挖出利润呢？这需要了解顾客只看不买的原因：

- 经济实力不具备，没有购买能力。
- 没有看到合适中意的商品，对导购的推荐均摇头表示不满。
- 没有购买需求，只是对商品感兴趣，其实并不需要。

对于这三种不同原因，在对策上也有很大不同：

（1）对策一。

对于没有消费能力的顾客，无论采取什么方法都是徒劳，但是不要因此就干脆放弃。比如，一个儿童看中了一只机器狗，他没有钱，但他的爸爸妈妈有钱，因此销售员要：

- 全面介绍商品，包括价格、使用、功能等等。
- 着重强调商品优势，比如，有礼品赠送、机器狗能像真狗一样地叫等。

总之，要强化商品在顾客心中的印象，增强吸引力，让不具备消费能力的顾客离开后日思夜想。像儿童中意机器狗，最后拽着爸爸妈妈来买，那就达到了最佳效果。

（2）对策二。

当顾客没有看到合适的商品，对推荐均不满意时，导购不要就此失去信心。举个例子说，如果导购向顾客推荐一双拖鞋，顾客摇头表示不感兴趣，销售员可以：

- 立刻推荐另外一种类别商品，例如，让顾客看看运动鞋、休闲鞋等。
- 立刻表示价格还可以优惠，比如，标价20元，折扣后只要12元。
- 立刻提出该商品最大优势，比如，现在举行活动，购买该品牌产品都有小礼品赠送。
- 制造一个商品危机，比如，这是最后一件或者是特价销售的最后一天等。

（3）对策三。

顾客感兴趣对销售员来说是个大优势，如果顾客没有需求，则可以想方设法为顾客制造需求。还是上面的例子，顾客被一双拖鞋所吸引，当导购介绍，顾客表示拖鞋很漂亮，但自己有一双时：

- 马上列举获得该商品的好处，例如，这双鞋不但可以当拖鞋穿，还可以当凉鞋穿，一鞋两用，省了出门换鞋的麻烦。
- 纵容顾客的购买冲动，例如，女生就是这样，看到喜欢的东西就买下来，不怕买多，就怕找不到自己喜欢的！好不容易看到自己心仪的，就买了呗！

掏掏闲逛顾客的腰包

从对光顾购物中心者的调查资料显示来看，人们之所以光顾购物中心，并不是总有购物计划的，他们的目的比例分别是：

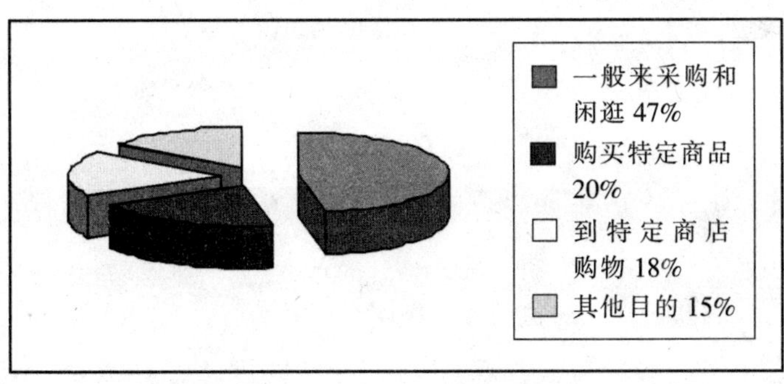

从上图中很容易看到，采购和闲逛占到了47%，也是最高的比例。而在针对100人随机调查中，光顾商业圈有购物计划的是69.2%，闲逛者比例为28.5%，由此可见，闲逛者的腰包是块巨大的蛋糕，如何能吃到口，带动师有两个突破口：

突破口一：经典借口“随便看看”。

一顾客到服装店转了一圈，导购问：“您需要什么？”

顾客说：“我只是随便看看。”随便看完后离开。

第二个顾客又到服装店转了一圈，导购指着一件衣服说：“您穿这件很合适，试试吧！”顾客说：“我只是随便看看。”随便看完后也离开。

一连来了这样5位顾客，每当顾客表示要“随便看看”时，导购就觉得自己无能为力什么也不能做了。

这就是“随便看看”对店面导购的强大杀伤功能。面对这个经典借口，导购如果总是表现得束手无策，那就不是合格的导购。

对“随便看看”的经典应对方法：

（1）明刀明枪法。告诉顾客“尽管随便看，不买也欢迎”，顾客没了购物压力，消费的可能性则相应得到提高。

（2）先声夺人法。顾客进门就明确表示“请随便看看”，先把顾客的借口讲出来，再向顾客推荐时，他就不会再重复“随便看看”了。

突破口二：破解经典行为“规避导购”。

第n个顾客到服装店转了一圈，导购问：“请问需要什么？”

顾客边说“随便看看”，边转身离开。

第n+1个顾客来到服装店转了一圈，导购介绍：“都是春季新款服装。”

顾客道：“我随便看看。”

顾客边看导购边在旁边跟着，于是顾客加快脚步迅速离开了。

第n+2个顾客也来到服装店转了一圈。

导购心想这也是个闲逛的吧，就没有搭理，顾客自顾自看了半天，又拿着一件上衣比划了半天，销售员就说：“喜欢就试一下。”

顾客试完后觉得效果很好，就掏钱买了。

闲逛的顾客喜欢躲着导购，导购一热心就要逃跑，如果导购不搭理反而能让他们安心挑选，所以对待闲逛者的“规避导购”行为，销售的经典应对行为是：

（1）顾客进门首先对其表示“随便看看”，目的是防止顾客说经典借口，并且也没有过分热情，不会吓跑顾客。

（2）顾客自己随便看看时，不要跟着顾客，让他们很自在地挑选。

（3）顾客一旦对某样商品表示兴趣，及时跟进介绍，但也不要过分热情。

（4）任何情况下都给顾客留下后路，比如，“穿上看看怎么样，不好就不买嘛。”

紧闭嘴唇的顾客，让沉默真的成金

很多顾客在挑选商品时，总是惜字如金，无论销售员怎么磨破嘴皮，他们都难开金口，看起来完全是销售员在唱独角戏，一点销售气氛都没有。

像这种不表露自己购买意图的沉默型顾客，销售员很难对症下药，也就很难通过说服达到销售目的。

王家是红酒导购，一天有位顾客走到货架前东张西望，王家就主动上前打招呼。

“买酒吗？”

“嗯”

“随便看看，我们这里红酒的品牌非常齐全，包括几种比较不错的进口干红。请问您是自己喝吗？”

“嗯”

“这有法国圣诺庄园干红，进口的，销量非常好，价格也不算高，每瓶118元。”销售员将红酒递给顾客，顾客看看，又放回货架。

销售员立刻推荐其他品牌：“张裕的品牌也不错，这种赤霞珠干红每瓶69元，口味很好，价格也合适。”

顾客仍旧微笑听着，未置可否。

销售员只好推荐另外一款："长城也值得试试，老品牌，像这种现在搞特价买一瓶干红送一瓶350毫升的葡萄原汁，这种原汁赠品不单独出售，两瓶才48元。"

顾客仔细看看，最后道："那就买这个吧。"

沉默的顾客没有废话，也不会挑三拣四，如果有意愿买一般会静静听销售的介绍，但很少提问，明明想要价格低的却不表示出来，有时还会表现出满不在乎的样子，其实是在等自己的目标出现。

对待这样的顾客，关键要找到他的目标，这样就能直接化沉默为销售了。寻找沉默者购买目标的方法有：

（1）一样一样试，只要顾客还在听，销售员就一样样推荐，直到找到一样对方满意的。

（2）让顾客试用，如果顾客对一样商品没有购买意愿一般不会接受试用，如接受，则证明对商品感兴趣。

（3）顾客不说销售员也不问，沉默者反而会主动提问，比如，询问销售员"有没有××品牌的"？通过这个问题销售员就能立刻明确顾客的购买目标，从而展开促销策略。

五、处理投诉挽回人心

销售前的奉承，不如售后服务，这是制造永久顾客的不二法门。生意的成败，取决于能否使每一次购买的顾客成为固定的常客，这就全看你是否有完善的售后服务。

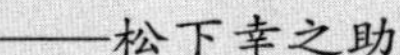

——松下幸之助

有时候我们会在购物场所看到顾客和销售员互相对骂，这样不但双方在感情上都受到伤害，还会失去人心。被骂的顾客从此不会上门，连旁观的顾客也望而却步，尽管有时候问题出在顾客身上。

如何处理顾客投诉体现着一个销售团队的素质，顾客作为上帝，对其进行必要退让在任何情况下都是值得的，也是明智的。

平息上帝的愤怒依赖于谦逊礼让的服务者姿态。

“对不起”和“马上处理”

住在巴南区的吴先生向《重庆日报》反映，原应7月7日收到的信件，却迟到了6天，导致吴先生错过了参加健康讲座和购买优惠药品的机会。

李家沱邮局投递室班长龚建得知此事后调查发现，该信件到达邮局当天就已经送出。龚建表示“按照惯例，同城信件一般两天内可以收到，吴先生可能是疏忽没有发现”。随后，龚建带领三名土桥片区邮递员到吴先生家中进行了解释，并表示歉意。

吴先生通过媒体对邮局进行变相投诉，邮局责任人主动致歉，既安抚了吴先生，也赢得了正性社会声誉。相信即使信件迟到是由邮局工作疏忽所致，有主动道歉这一态度，大众也会予以宽容。

销售活动中处理顾客投诉也是同样道理，首先表示低姿态一般能给顾客好感，关于这一点可以看看人们对“对不起”三个字寓意的认知：

- “对不起”表示歉意。
- “对不起”表示说话者讲礼貌。
- 说“对不起”是绅士风度。
- 说“对不起”的人胸怀宽广。

让顾客将“对不起”三个字听得如沐春风，前提是致歉的态度要诚恳，不能你嘴里说着“对不起”，顾客听来却感到冷硬、傲慢，甚至像是嘲讽。

致歉可以抓住主动权处理客户投诉，但这只是第一步，接下来要对顾客的不满“马上处理”，注意是“马上”，就是立刻的意思，而不是敷衍顾客，让他回家等电话。

马上处理意味着：

- 立刻了解顾客投诉的前因后果。
- 迅速找到症结。
- 如果是销售方问题，立刻对顾客进行补偿。
- 如果是顾客自身问题，耐心进行解释。

在处理过程中需要特别注意的是：

（1）既要向顾客表示歉意，又要争取客人的谅解。

要让顾客了解并相信，商家愿意为顾客解决问题，即使面对无法改变的现实，也要尽可能引导客人往好处去想。

（2）必须尽最大努力去满足顾客的需求。

即使不能完全按照顾客所提出的要求去做，也要在征得顾客同意的前提下用变通的方法去解决问题，使顾客得到替代满足感。例如，卖出的商品不能退款，但可以换同类商品；如果同类商品没有了，可以换同等价值商品；如果同等价值商品顾客不满意，还可以多退少补的原则换同品牌其他商品。

（3）认真接待前来投诉的顾客，诚恳而又耐心地听对方诉说，并适时表达同情、理解。

比如，表示“我了解”“如果换作是我，我也会很生气，也会来投诉……”，这样可以帮助顾客发泄，满足顾客心理宣泄需求。

（4）无论处理结果如何，一定要对顾客投诉表示感谢。

顾客前来投诉表明顾客对销售方还抱有信心，而且销售方可以通过投诉发现自身问题，因此一定要对顾客感谢，例如，“感谢您对我们提出意见，我们会在以后的工作中修正”“谢谢您能及时提醒我们的错误”等等。

妥协，退一步海阔天空

有位顾客购买冷冻鸡翅，她买的是翅尖，但偷偷在里面放了七八个翅中，以为自己得了大便宜，回去仔细一算才知道超市是按中翅结算的，真是偷鸡不成反蚀一把米，毕竟自己袋里有很多翅尖呀。

顾客很不甘心，就倒打一耙，投诉超市在中翅中掺了翅尖欺骗消费者，不但要求加倍赔偿商品，还要交通费、精神损失费。

冷冻区主管一看就明白事情的真相，这根本就是无理取闹吗！主管当场戳穿顾客谎言，而说谎的顾客就死不承认，并嚷嚷着“店大欺客”故意引来围观人群，大大败坏了超市声誉。

尽管有时候错在顾客，但据理力争却未必有好的结果，上面的案例就是证明。

相反，如果主管开始能做一下妥协，对这名顾客表示歉意，并对其购买商品进行退换，相信这位无理取闹的顾客也会不好意思，在接受主管善意的同时，心怀感激。所以妥协和退让有时候反而是最好的前进方式。

在投诉中的妥协，具体表现为：

（1）不让顾客难堪，即使顾客在伪造事实。

就像上面案例中的情况，让顾客难堪不能双赢，反之给顾客留面子却常常会有意想不到的效果。

（2）不迫使出言不逊的顾客就范。

例如，在处理投诉中顾客指责商店售卖“假冒伪劣”商品，销售员不能因为自己没有售卖假冒伪劣商品就跟顾客争论，逞一时之气，而要拿出专业态度，证明商品不存在问题。

（3）不计较爱挑剔、喜欢吹毛求疵者所提出的苛刻要求。

例如，顾客在投诉时常常提出过分要求，像高额赔偿之类，处理者要明白这不过是顾客的筹码，目的是为了争取多一点补偿，只要处理公道，态度又好，顾客一般是不会得寸进尺的。

最后需要提醒的是，在处理投诉过程中，不要一开始就采取妥协的方式，因为这样会鼓励那些居心叵测的顾客提出更高的要求。另外，无原则性的妥协，会让顾客产生轻蔑思想，这对整个销售团队的形象将造成极大的损害。

正确的方法是解释说明相应的处理规定或者是常规的处理方法，然后再视情况予以让步，这样能给顾客留下通情达理、有人情味的好印象。

未雨绸缪，顾客满意度调查表

与其等到顾客前来投诉，不如主动找出问题进行修正。而这项工作可以通过简单的方法来完成，那就是制定顾客满意度调查表。

下面是凯隆超市的顾客满意度调查表：

尊敬的顾客：

您好！首先感谢您多年来对我超市的支持，为了更好地为您提供优质商品及服务，共同促进发展和进步，我超市诚征宝贵意见和建议，烦请在百忙中填写此表，谢谢您的合作。

凯隆超市满意度调查表

序号：

单位名称		填写人		电话	
评估项目		分值	得分情况	意见或建议	
商品	a. 价格	100			
	b. 种类	100			
	c. 质量	100			
	d. 取拿方便程度	100			
服务	a. 导购人员态度	100			
	b. 收银人员态度	100			
	c. 售后服务情况	100			
	d. 其他人员服务	100			
购物环境	a. 舒适度	100			
	b. 卫生情况	100			
您今天的建议就是我们明天的目标。谢谢！ 年　月　日					

制作这种满意度调查表比较简单，要结合销售团队的自身情况以及目标消费者的关注点。对于配合调查的顾客采取一定的酬谢方式，比如赠送一点特价品之类。

除了表格，还可以采取的形式有：

- 设定值班经理。
- 设立意见反馈信箱。
- 公布一个同顾客沟通的电话号码。
- 准备一个顾客意见簿。

总之，是让销售者和顾客建立互动关系，目的是提高服务水平，让顾客需求不断得到满足，从而培养具有忠诚度的顾客群。

第七章
团队作战、共创佳绩

高绩效 12321 团队模式

小团队合作+连带销售

在线销售，e 网打尽

团队 360 度绩效考评

一、高绩效 12321 团队模式

（该图片来自网络大观园网站）

瞧瞧上面这幅漫画，这些家伙把他们共同的工作搞得一团糟，真是让人失望的团队，或者只是一群乌合之众，还称不上“团队”二字。

团队，或者说一个绩效惊人、骁勇善战的团队，其内部组织有一个奇妙的平衡性，按照这种理论组建团队的方法就是 12321 模式。

12321 的角色构成

12321 团队模式也简称为“123”模式，核心是团队中 5 种角色的比例构成。假设团队由 9 个人组成，那么角色分配就是：1 个领头人，2 个精英，3 个中流，2 个培养外加 1 个机动。

角色一：“1”即一个领头人。

团队优势的发挥依赖于一种平衡性很高的排列组合。

一个销售团队首先是一个有纪律、可管理的团队，领头者在这里担当着团队首脑的角色，其重要性来自一个著名的管理寓言：

有一头羊率领着一群狮子横霸草原，后来有一只狮子带领着一群羊也来到这片草原。一山不容二虎，草原只能属于两个团队中的一个，于是厮杀不可避免，结果羊领导的狮群败给了狮子领导的羊群。

具有雄狮气质的领导者能让羊群凶猛的奔跑，而具有绵羊特质的领导者，也能让一群雄兵变成懦弱退缩的“绵羊”。

在团队中，带动师当仁不让就是这样一个具有雄狮气质的领头人，带动团队冲锋陷阵，为团队绩效鞠躬尽瘁是其本分。

角色二：“2”即两个精英。

精英是团队业绩的保障，他们身上有着共同的特点，比如工作积极主动，遇到困难爱动脑筋，做事灵活机动，并善于寻找新的方法。

根据 80/20 原理，在一个销售团队中，80% 的业绩来自 20% 的人，而这 20% 毋庸置疑，就是团队的销售精英。

精英能带来可观利润，所以人人喜欢，但对“精英”的使用需要避免一些误区：

（1）精英越多越好，最好全是精英。

精英超标的直接后果是内部竞争激化上升为矛盾，自相残杀，团队七零八落，互相拆台。

（2）精英必须经验丰富。

领头者首先是一个经验丰富的销售精英，所以团队精英最重要的品质不是经验，而是机动灵活的头脑。

角色三：“3”即三个表现平平的中流人员。

是中流而非中流砥柱，所以这部分人员无论在业绩和能力上都表现平平，没有突出业绩，但工作很平稳，经验丰富，能中规中矩完成任务。

中流人员和精英之间的差别对比是：

精　　英	中　　流
发挥型人才	稳定型人才
可能没有太多经验	经验丰富
可以在短期内为团队创造业绩奇迹	完成精英所难以达到的长远、总体贡献

角色四：“2”即两个需要培养的员工。

这两个人无论在业绩还是能力上都不够理想，一般徘徊在及格水平。他们在行动上可能总是慢一拍，但基本不会对企业或管理者的决定产生思想上的冲突。

培养员工在团队中的重要作用是：

- 可以当作业绩上的反面教材，通过对他们的督促甚至惩罚来完成整个团队的绩效激励。而且他们一般不会同管理者产生直接冲突，只要管理得当，还会成为团队忠诚度最高的员工。
- 是对精英和中流员工的工作补充。例如，工作中一些杂七杂八的琐碎工作，精英不屑做，中流不想做，正好可以让培养做，他们的存在提高了团队功能的完整性。

角色五：“1”即一个可起关键作用的机动人员。

一个最稳定的团队需要不稳定因素的刺激，这个机动就扮演着不稳定刺激的作用。

团队中最常见的刺激方式是“末位淘汰制”，但这里对于末位的选择标准有所不同：

- 末位选择不是按照业绩，而是那些对管理者决定执行不力者，或因为对企业或管理者不满而故意制造消极气氛的人。

- 末位可能是团队中能力比较强的人，甚至可能是精英分子。

但无论如何，只要跳出来挑战管理权威，影响团队进取，对不起，精英也没有资格破坏团队，关键时刻不仅要杀鸡给猴看，也可以杀猴给鸡看，目的就是刺激其他团队成员坚决贯彻上级决定。

发掘五种角色的互动功能

按照 12321 模式组成的团队，之所以能在绩效上发挥优势，有赖于角色之间的互动，这也是很多优秀团队共同拥有的可贵品质。

互动方式一：角色间的相互激励。

一个能在内部互相激励的团队，也是能持续成长的团队，这是保持团队良好工作气氛和学习气氛的得力方式。

在五种角色中，一个领头者的主动激励在此不必多说了，这是角色本职所在，与 12321 团队模式特征没关系，所以只介绍精英角色的正面激励和培养角色、机动角色的负面激励。

（1）精英角色的正面激励。

精英是成绩最优秀者，是团队中的销售明星，受到上层青睐，自然刺激其他人奋起赶超。如果能辅助必要措施，就可以在最大限度上使激励作用增强。

可借鉴的措施有：

- 对精英角色时常进行口头表扬。
- 对精英角色优秀业绩进行物质奖励，比如，发奖金、提高福利等。
- 帮助精英树立角色自豪感、荣誉感，例如，设立绩效榜，将精英照片张贴出来。

（2）培养角色和机动角色的负面激励。

设立培养角色和机动角色都有点杀一儆百的味道，但两种角色在区分标准、功能、界定群体上都存在区别。

培养角色	机动角色
在业绩比较差的员工中产生	在所有员工中产生
解决团队成员销售业绩问题	解决团队成员对管理者服从度问题
可能因业绩不理想而受到惩罚	会因为不服从管理而被清理出团队

带动师的职责侧重于解决业绩问题，因此需增强培养角色的激励作用：

- 可以把培养角色作为反面教材使用，但要考虑到个人感情。
- 可以把不受欢迎的任务分配给培养角色，但不要表现出明显的三六九等，个人心里明白即可。
- 可以考虑采取物质惩罚，例如，扣除奖金等。

在使用这些方法时，要注意同时对培养角色进行激励，不能因为要激励团队其他成员，而导致培养角色自暴自弃。

互动方式二：角色间的相互竞争。

竞争，特别是良性竞争，可以使团队成员在日常工作中保持适当的压力，对于团队来说，这样可以从整体上保持蓬勃生命力，避免团队的堕落。

（1）精英角色和领头人的竞争。

精英在团队中表现突出，而且这种突出积累到一定程度，将逐渐威胁到领头人的地位，这样就会导致两种情况出现：

- 领头人为了保持自己地位，不断进行自我提升。
- 精英为了实现上位，不断突破销售业绩。

这两种情况对团队发展大有裨益，如果予以正确引导，团队人才将会加速成长。

（2）中流角色和精英角色的竞争。

中流角色有丰富的经验，这是一项不可忽略的优势，只要条件合适，中流角色完全可以在业绩上赶超精英；而精英在工作中逐步积累经验，有可能把中流远远甩在身后，甚至剥夺中流的饭碗，这对中流当然是莫大的威胁。

这一威胁带来的好处是：

- 精英为了完全甩掉中流，积极积累经验、学习技能。
- 中流为了不被甩掉，也积极提升业绩，跟精英拼上一拼。

两者之间形成的竞争状态，同样需要正确引导，尽可能让精英和中流形成既相互竞争，又相互学习取长补短的局面，这样才会有双赢结果。

12321 模式的机动变化

在上文中将 12321 团队模式假定为 9 人团队，在实际操作中，不能为了建立 12321 团队，就把人数限制成 9 人，那就太生搬硬套了。

现实中的团队不外乎两种情况：

- 团队成员少于 9 人。
- 团队成员多于 9 人。

对于这两种情况，都可以根据需要进行机动配置：

（1）团队成员少于 9 人。

针对这种情况，12321 可以做两种变换：

- 变为“1121”5 人组合，即 1 个领头人，1 个精英，2 个中流，1 个培养兼机动。
- 变为“123”6 人组合，即 1 个领头人，2 个精英，其余 3 个保持两个中流，1 个培养兼机动。

（2）团队成员多于 9 人。

12321 只是个比例，可以看成是五种角色在团队中按照1:2:3:2:1分配名额，也可以按照员工实际表现的角色进行分配。

例如，由 10 人组成的团队，除了领头人必须是一个外，多的一个人表现是精英，就是 13321 组合；表现是中流，就是 12421 组合；表现是培养，就是 12431 组合。

另外，如果团队成员过多，是 9 的倍数，那可以按照工作需要，直接把大团队分成几个小团队，然后在小团队中进行角色分配。

二、小团队合作 + 连带销售

12321 团队模式虽然有众多的优点，但是其综合性强的特点对实际操作起到了限制作用，换句话说灵活性不够，为了提高整体功能无法顾及细节问题。

正是由于这个原因，小团队应运而生，无论从人员、角色构建，还是管理来看，都体现出灵活机动的特征，适应能力比较强，成本比较低，作用也比较大。

忙时强强联合打造攻坚小团队

强强联合现在之所以流行，是因为人们深信强者和强者联手，能够打造出非凡的业绩。比如，微软和英特尔从你死我活的竞争者变成优势互补的合作伙伴，就是强强联合的典型案例。

对此大家应该都很熟悉，就像学生时代按照学习成绩安排座位一样，老师会让成绩好的学生坐在一起，希望他们互相取长补短获得快速进步。

肯休闲服装专卖店，一共有8个导购员，其中小张和小陈做得比较好，绩效冠军成了只在他们两人之间传递的接力棒，而且这两个年轻人在销售上确实有一套。

五一假期，为配合促销店面门口搞了个大展台，主打服装按照色彩搭配堆码，小张和小陈则组成两人小分队负责该展台的销售工作。

接下来的七天里，小张小陈互相配合，把主打服装卖得几乎脱销，销售业绩连续翻番。不但如此，被吸引到店内购物的顾客人数也大有提高，给其他导购提升业绩创造了优越条件。

小团队以其灵活机动的合作方式，创造不俗业绩。

从上面的案例中可以看出，强强联合优势明显，具体体现在：

- 可以集合少数团队精英的力量，集中发挥优势作用。
- 可以短时间小范围内提升销售业绩。
- 可以给团队其他成员最强烈的刺激，从而带动整个团队进入状态。

强强联合属于攻击型团队，虽然规模比较小，可能只是2～3个人，但这几个人绝对是精英中的精英，他们共同的特点是：具有良好的销售技巧、丰富的销售实战经验，并能在短时间内互相配合超额完成销售目标。

强强联合打造小团队时，需要注意：

- 强强联合的优势只能在短时间内持续，适合短时间的促销活动，比如黄金周、店庆、新品上市等。
- 强强联合超过兴奋期（5～10天），就会在内部互相削弱力量，导致的结果是一方由强势沦落到从属地位，或者双方都陷于疲惫工作状态。

因此，在使用强强联合的小团队时，一定要把握时间分寸。所谓过犹不及，时间过长，原来的优势反而会转变成劣势，那就得不偿失了。

闲时帮带互补组织温和型小团队

互补型帮带小团队属于温和发展型团队，它不像强强联合那样锋芒毕露，但有自己不可取代的优越性。

这种团队组成模式同样是从学生时代的经验中获取的，老师为了提高整个班级的学习成绩，让好学生和差学生坐在一起，希望在好学生的帮带下让成绩差的学生快速前进。

还是肯休闲服装店，黄金周七天一过，小张和小陈的攻坚小分队也就宣告解散，展台撤回，小张和小陈也回到原来的工作岗位。

恢复原样后，店内 8 个导购仍旧按照两组分配，小张是 A 组，小陈在 B 组，两人每天不但要保证自己的销售业绩，还要帮助组内另外 3 名伙伴提高销售额。

每周 8 名员工不但要分别进行业绩排序，还要将 A、B 两组进行业绩比较，只是小张和小陈的个人业绩要排除在外。这样他们要让自己所在的小组在业绩榜上占先，就必须花大力气帮助自己的团队伙伴。

通过这种方式，A、B 两组都有销售高手坐镇，内部互相帮助、互相学习，两者之间则展开竞赛，不断进行提升和成长。

这种模式的优势在于：

- 不受时间限制，可长期采用。
- 有利于形成学习氛围，同时带来竞争乐趣。
- 有利于销售弱手成长，提高团队整体竞争力。

组织帮带互补团队优势明显，但要将优势发挥出来，并体现在销售业绩上，在构建时还需注意：

（1）在每个小团队内，必须有一个销售高手，这样才有帮带的可能性。

例如，案例中小张和小陈的作用，他们两个是大团队中并存的销售高手，又互相独立于两个小团队。

（2）为了使这种模式持续发挥优势，可以引入竞争机制。

例如，案例中小张和小陈所带领的A、B两组，在客观上弱化了高手竞争互相残杀的局面，转化为帮带小组的竞争，最终得益的是专卖店的整体绩效。

比较强强联合小团队和帮带互补型小团队，各有优势，两者在适用性上可以互相补充。当销售团队迎来一个相对集中的销售高峰期时，可以强强联合，集中优势提升业绩；如果是来日方长的销售平淡期，就可以用帮带互补组合，促进整体前进。

小团队配合做连带销售

在黄金周期间，丹波尔服饰店生意火爆，卖场中挤满了挑选服装的顾客。

这时刘海瑶注意到一位抱着宠物猫的年轻女顾客，她似乎是为了等人才进来的，一直在逗自己的猫咪，对卖场服装根本不看一眼。尽管如此，刘海瑶还是主动上前招呼道："请随便看看，中意就试试。"

女顾客点点头，也就自顾自地在货架旁看了起来，并拿出一件运动衫在身上比量了一下。刘海瑶立刻上去推荐："这是今年最新款，一共有六种颜色，我看您皮肤挺白的，穿这种浅蓝色肯定效果好，而且这个颜色感觉也清爽。"

刘海瑶的做法是一个导购最基本要做到的，即使顾客看起来没有明确的购买意图，也要积极争取对方去注意商品，进而对商品产生兴趣。

顾客看了看刘海瑶推荐的蓝色运动衫，没有表示拒绝。刘海瑶想到顾客可能考虑自己的猫咪无法安置，立刻表示替她照看猫咪。同时，导购小米过来引导女顾客到试衣间试装，换上运动衫效果果然很好，几个导购纷纷夸奖她穿上好看，顾客自己也很满意，刘海瑶立刻让小米帮忙开单。

上述内容有几个关注点：

- 刘海瑶帮助顾客照看宠物，目的是让顾客无后顾之忧，把注意力集中到商品上。

●在刘海瑶不方便时，小米主动引导顾客去试衣间，这是第一次成功配合。

●顾客换装后，几个导购一起夸赞，帮助顾客确定购买意向，这是第二次成功配合。

经过这一系列团队合作，顾客有了买下运动衫的想法，但优秀的导购不能只满足于一单生意。

这时崔红适时又拿出一条九分裤，“很多顾客买了上衣回家不好配裤子，这款九分裤正好和您身上的小衫搭配，不如一起试试！”刘海瑶也立刻表示顾客成套选购的很多，于是顾客又试了裤子，效果同样令人满意。在刘海瑶、小米、崔红的赞叹声中，收银员已经整理好服装，并打出消费清单，这样女顾客一下买了两件衣服。

这部分的关注点是：

●在顾客对衣服有购买意向后，崔红立刻推荐搭配的裤子，同时刘海瑶制造有利的舆论导向，使顾客接受试裤子建议，这是第三次成功配合。

●顾客换上裤子后，又迎来众导购称赞，同时收银员工作跟进，这是第四次成功配合，最后让顾客买了一套服装。

从这个案例可以看出，刘海瑶、小米、崔红等导购相互配合，顺利将服装卖给本无消费欲望的顾客，这是个小团队配合做连带销售的典型案例。

由上可以总结出小团队配合做连带销售的要素：

●注意对顾客观察，及时获取有用信息。

●把话题转到商品后，要立刻排除顾客的后顾之忧。

●尽量找机会多推荐商品，要抱着“推荐三件才能卖出一件”的想法。

●推荐关联度高的商品，顾客更容易接受。

●如果是可以试用的商品，首先说服顾客试用，并积极帮助顾客确定购买意向。

●各导购之间注意相互照应，对顾客进行全方位服务。

三、在线销售，e网打尽

就目前零售市场的发展趋势来看，零售行业未来竞争不只局限于零售店，还有电脑芯片和网络。人们开始尝试用鼠标挑选商品，而互联网将在今后成为零售业的重大推动力量。

未来，每一个销售团队都将拥有自己的网站，否则将被淘汰出局。这并非危言耸听，而是一个在不久就会被普遍认可的行业新规则。瞧瞧下面这幅漫画，未来世界不但有 e 销售，还有 e 行乞！

（图片来自 http：//221.204.254.92）

建立商业网站四部曲

建立一个商业网站并不是特别困难的事情，关键要理清思路，明确需要准备些什么，能够借助何种工具，以及寻求哪些人帮助，这样问题就容易解决了。

具体方法可以参见以下四个步骤：

第一步：申请域名。

网络让销售团队分身有术，最大限度地拓展销售空间。

域名（domain name），简单说就是在互联网上代表团体的一个名字，只有靠这个名字别人才可以在互联网上与这个团体接触或沟通。相对于实际销售店面来说，域名就是购进地皮。

简单易记或具有代表性的域名，对网站推广有很大帮助，例如，网易所使用的 www. 163. com。目前常见的域名有四种类型：

（1） com 商业机构。例如：

当当网 dangdang. com

（2） net 网络机构。例如：

TOM 邮箱 163. net

（3） org 非营利组织。例如：

中国法院网 chinacourt. org

（4） edu 教育机构。例如：

中央广播电视大学 crtvu. edu. cn。

申请域名的原则是先到先得，每个域名都是独一无二的，具体申请方法是：

（1） 世界性的域名注册需经由美国的 NETWORK SOLUTIONS 申请，收费标准是前两年每年 70 美元，以后每年为 35 美元。

网址：http：//www. networksolutinos. com

（2） 国内也有不少机构代理域名注册，例如：

http://www.cnnic.net.cn

http://www.chinadns.com

第二步：建立主机。

主机就是相当于在地皮上建立一间“屋”，好让网络顾客们登“门”选购商品。

主机必须是一台功能相当的服务器级电脑，用专线或其他形式24小时与互联网相连。作用是存放公司的网页，为浏览者提供浏览服务，并负责收发公司电子邮件。

目前建立主机有两种模式：

（1）主机托管。

就是把购置的网络服务器托管于一些网络服务机构，每年只要支付一定的费用即可。至于其他问题，网络服务机构会提供一条龙服务。

（2）虚拟主机。

如果不想自选架设主机，可以使用网络公司的“虚拟主机”服务，就是在别人的主机上，租用一定的网站空间以架设自己的网站。

换句话说，如果网络公司是互联网上的一间大屋，那自己建立的主机就是互联网上的一间屋，而虚拟主机就是这间大屋里面分租的一间小房间。

使用虚拟主机的特点是：

- 节省了一笔可观的硬、软件设施购买费用，公司不用招聘专业人员，成本比主机托管低很多。
- 虚拟主机只适合于一些小型、结构较简单的网站，对于大型网站来说还应该采用主机托管的形式，否则网站管理会非常麻烦。

第三步：网页设计。

网页设计就是给自己的“屋”进行有目的的装饰，让浏览者进入时能有一个悦目的感受。

为了取得好的效果，最好找专门的设计公司去做，一般做法是：

- 首先，尽量详细地列出要求，包括网页必需的文字、图片、音乐、视频、搜索功能及是否使用动画等。
- 其次，网页设计公司根据需要，草拟一份初步计划书和一个网站设计样板，双方磋商后达成最后协议。

第四步：网站推广。

网站推广就是为装饰好的“屋”做广告，以吸引更多的浏览者光顾，否则藏在深山人不识，岂非浪费了感情？

扩大网站影响所采取的常规方法有：

（1）在搜索引擎上登记。

例如，百度、搜狐、一搜等知名度比较高且网民比较喜欢的搜索引擎。

（2）网上广告。

在影响力大、点击率高的网站做广告，如果不想花巨额广告费，可以参加一些免费的广告交换计划。广告交换计划公司会让你的广告在其会员网页上显示一次，而你也需要让广告公司的广告在你的网页上显示若干次作为交换。

（3）论坛、BBS 或新闻组。

到论坛、BBS、新闻组上参加话题讨论，利用专业知识，为网友提供意见、排忧解难。注意在签名档留下公司网址，这也是免费宣传的一个好方法。

商业网站可选择的项目

除了在网页设计中所列的基本要素外，商用型网站还应该包含很多方便顾客购买的项目，所以需要设计师准备一些必要的专业性项目。

（1）购物车或购物篮。

网上设立购物车或购物篮是根据人们业已形成的购物习惯，在网络上模拟实际超市购物，对网络访客来说，简单明了。

（2）商品目录。

在线商品目录在操作上不用太多技术支持，最容易接受的方式是对商品真实图片陈列，让网络访客实现视觉上的接触，增强商品的吸引力。

商品图片来源可以是：

- 由商品制造商提供的可扫描的图片。
- 从制造商网站上下载图片。
- 使用数码照相机为商品拍照，然后贴到网站上。

尤其是新产品，可以专门开一个目录列表，提高点击率的同时加快新产品推广速度。

（3）网站商品广告。

在自己的网站上为自己的商品做广告，优点多多，比如：

- 可以提高访客的即时消费指数。
- 能够方便地利用广告推广新产品。
- 节省报纸、杂志的巨额广告费用。
- 设置和更换更自主化。

例如，下面是百事可乐网站主页，有最新的谢霆锋版百事广告海报，右边还有整体广告的视频，可以在线欣赏，起到了很好的宣传作用。

（4）公告牌、意见箱。

可以通过设立公告牌的方式，提供商家最新咨询。例如，最新商品信息、最新行业走势等等。另外就是意见箱，为访客预留空间，接受提问、评论、意见或建议、甚至是商品投诉（此项也可单独设立）。公告牌和意见箱是访客和网站商家进行互动的最好平台，为网站发展提供引导作用。

下面是某美容购物网站，左边设有带 QQ 的小框框内是“在线咨询”，可以直接点击留言，比之意见箱，可服务范围更加广阔，最大限度上方便了网站和访客的互动。

（5）网站链接。

选择链接网站的目的是为了直接或间接实现利润，所以对链接网站的选择应当：

①选择同性质的商业网站。

一般来说，访客通过商家站点的链接在其他网站购物消费，相应的很多公司需要付给商家一定比例的佣金。

②选择与出售商品有关联的专业网站。

例如，网站主要出售高尔夫运动器材，那么就要链接一些高尔夫协会或者俱乐部，这样可以为访客提供专门知识，从而获得青睐。

③选择点击率比较高的网站。

例如，下面是三芬专业进口化妆品批发销售网站的链接设置，在“合作伙伴”旁边标注着“诚征链接，如果贵网站日独立 IP 点击次数在 5000 次以上，欢迎致电 010 - 51652210 洽谈合作！”的字样。

而且，在网页中，可以看到三芬进口专业化妆品批发销售网站链接着“网易”“新浪”“百度”等知名度高的网站，还链接了“中国美容美发网”“瑞丽女性网”这些与销售商品关联大的网站，可谓面面俱到。

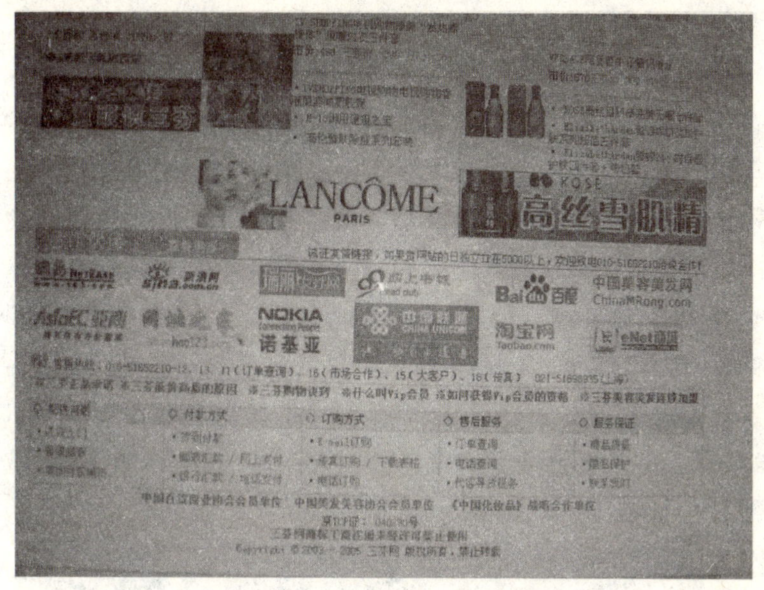

运用电子邮件做网络促销

访客在商业网站上消费时，都要做相应的登记，而在登记中一般都会留下真实的电子邮箱地址，这样商家就可以同顾客建立长久联系。

通过电子邮件同顾客保持联系的好处是成本低廉，速度快，而且操作非常方便，伴随社会的发展，网络商务的成熟，电子邮件很可能成为重要的销售渠道。

发挥电子邮件的销售优势，可以：

（1）通过电子邮件传达最新的商品信息。

每当有新商品销售时，可以第一时间通告给顾客，甚至可以提前一周进行通告。方法很简单，只要把数码照片和相应的价格、简介发给顾客就可以了。

（2）通过电子邮件通告特价商品。

特价商品可以进行月通报、周通报、日通报，顾客每天打开邮箱收私人邮件时，顺便也了解到第二天有什么特价商品可以购买，确实妙不可言。

（3）定期为顾客传送电子杂志，培养忠诚顾客。

电子杂志可以由商家自己搜集整理制作。在内容选择上，可以是商家的创业史、独特的经营管理理念，也可以添加一些积极向上的小品文，体现企业文化，另外要注意搭配“休闲文字”，比如笑话、填字游戏、星座预测等等。

即使在销售团队没有建立网站的情况下，也可以利用企业的公共邮箱做电子邮件促销。当每次顾客在店铺消费后，请顾客留下电子邮箱地址（很多顾客不愿意留手机号码，但对于电子邮箱却并不介意）。如果店铺内有新产品、特价商品或者大型促销活动，就可以发邮件通知顾客，这也是同顾客保持联系，培养长期顾客的简便方法。

例如，下图所展示的内容，就是电子邮件中经常出现的商品促销，这是日本 DHC 化妆品的免费索取海报通报，点击就可以链接到 DHC 中国——日本 DHC 原装进口化妆品通信销售网。

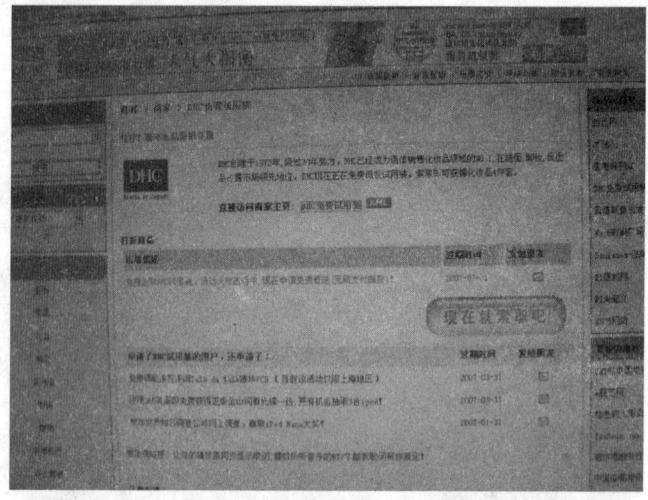

四、团队360度绩效考评

360度绩效考评是舶来品，但最近很受中国人的青睐。中华人力资源管理协会理事陈若玲说：360度绩效评估制度的最大优点，是让以往黑箱作业的绩效考评能够公开透明化，让原先评定绩效的标准，利用系统工具，尽量达到客观。

换句话说，360度绩效考评的最大优点，就是公正、公开、公平。

360度绩效考评方法

一般来说，360度绩效评估制度可分四个方面进行评估，包括直属上级评估、同级评估、部属评估以及自我评估，但根据销售团队自身的特点，还要补充一项外部评估，即顾客或客户的评估。具体如下：

（1）直属上级评估。

受评者的工作绩效可由直属主管来评分，目的是让受评者了解自己在主管眼中的表现，以及自己在团队中的定位。

（2）同级评估。

受评者的工作绩效可由同一部门或者跨部门职位相似的同级进行评估，由于评估者彼此之间工作互动性强，因此评估结果也具有针对性。

（3）部属评估。

受评者的工作绩效可由部属来评估，由于部属接触机会比较多，可以观察到受评者的管理行为，因此评估结果可以回馈给受评者作为管理行为的参考。

（4）自我评估。

最了解自己的人当然是自己。所谓自我评估，就是受评者针对自己的工作表现及绩效进行的客观评估。

（5）外部评估。

让受评者的直接服务对象顾客和客户对其工作进行评估，这可以大大增强考核的实效作用，了解顾客对服务情况的满意度。

假设在某零售店中有店长1名，带动师1名，店员5名，那么对带动师的评估方法就是：

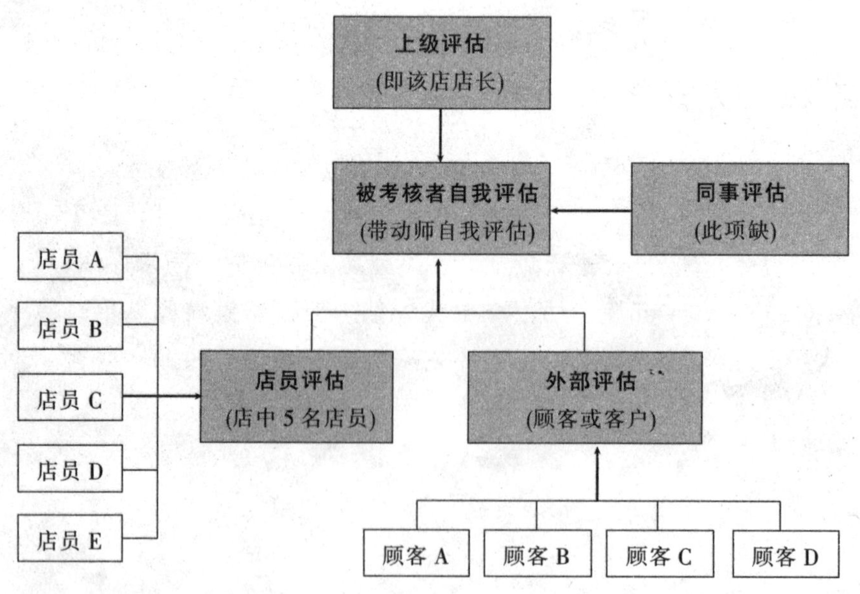

这样建立的评估体系不但立体化而且非常完整，但在实际操作中可能会在外部评估上遇到麻烦，因为顾客去购物一次或者两次，一般不会对某一销售员形成确定的印象。

针对这种情况，外部评估可作一些机动处理：

（1）顾客尽量选择对销售团队熟悉程度最高的老顾客。

比如，某顾客每周至少有4天到小区超市购买蔬菜面食，这位顾客就可以为蔬菜和面食导购作评估。

（2）可以参照第六章第165页中提到的顾客满意度调查表。

例如，某顾客特别表扬或批评某导购，则在评估中进行加分或减分。

（3）顾客或客户评估要坚持宁缺毋滥的原则，不能为评估而评估，如果确实顾客流动性大、不稳定性强，那宁可不要这一项外部评估，以免影响整个考评的公正性。

绩效评估操作表格制定

在具体评估时，必须根据团队的自身状况制定具有针对性的评估项目，一般用表格来体现。下面是北京上达公司制定的考评表格：

员工绩效考评表

被考评人姓名________部门________职务________

考评人姓名__________部门________职务________考评时间________

评价因素	内　容	分　数
基本情况 （20分）	1. 出勤：事假扣2分/天，早退或迟到扣1分/次	
	2. 失误扣5分/次；优秀员工加5分/次；失误：__次；评选优秀员工：__次	

（续表）

<table>
<tr><th>评价因素</th><th>内　容</th><th>分　数</th></tr>
<tr><td rowspan="5">工作态度
（50 分）</td><td>1. 工作认真、负责，努力、积极为公司着想</td><td></td></tr>
<tr><td>2. 遵章守纪，坚持原则</td><td></td></tr>
<tr><td>3. 重礼仪、懂礼貌、言行得体</td><td></td></tr>
<tr><td>4. 关心集体、积极参与各项集体活动</td><td></td></tr>
<tr><td>5. 工作积极主动，任劳任怨，勇于克服困难</td><td></td></tr>
<tr><td rowspan="4">工作协作性
（40 分）</td><td>1. 服从指挥，理解上级指示，正确处理公司内外部关系</td><td></td></tr>
<tr><td>2. 能够与本部门同事主动配合，团结协作</td><td></td></tr>
<tr><td>3. 与本公司其他部门人员沟通良好，积极配合业务开展</td><td></td></tr>
<tr><td>4. 本人积极向上，不说对公司不利的话，不干对公司不利的事，起表率作用</td><td></td></tr>
<tr><td rowspan="7">工作能力
和成绩
（70 分）</td><td>1. 无失职或引起投诉的行为</td><td></td></tr>
<tr><td>2. 完成了岗位职责规定的任务</td><td></td></tr>
<tr><td>3. 具有良好的专业知识，业务熟练，能胜任本职工作</td><td></td></tr>
<tr><td>4. 快速、及时、低成本地完成本职工作</td><td></td></tr>
<tr><td>5. 具有独立解决问题的能力和应变能力</td><td></td></tr>
<tr><td>6. 工作中能发现问题、创造性地解决问题，善于处理突发事件</td><td></td></tr>
<tr><td>7. 工作效率高，有感召力，发展潜力大</td><td></td></tr>
<tr><td colspan="2">说明：表中每项最多评 10 分，可填 0 ~ 10 分；基本情况由公司的打卡机和档案记录获得，无需人为评估；“失误”是指记录在案的较严重的不良行为。</td><td></td></tr>
</table>

该公司采用的考评流程是：先由部门经理介绍待考评人的岗位职责，接着待考评人陈述自己的工作总结，然后评委及本部门的所有人员（包括被考评人）给被考评人评分。最后统计得到考评结果，如下：

绩效考评结果

姓名	所属部门	自评分	主管评分	其他评委评分								加权平均值	误差率(%)
				评委A	评委B	评委C	评委D	评委E	评委F	评委G	平均分		
王三	财务	155	146	148	152	162	121	130	131	156	142	143	18.2
李立	财务	160	146	152	160	160	126	153	156	151	151	149	23.7
张伟	财务	160	130	142	140	151	129	144	150	81	133	132	13.6
张进	财务	158	157	148	149	148	142	145	122	134	141	145	72.7
付兵	财务	160	124	141	138	157	148	134	148	102	138	134	63.6
赵平	行政	162	150	163	128	108	143	151	134	144	138	142	54.5
李丽	行政	164	159	148	144	140	128	138	122	154	139	145	90.9
史云	行政	160	152	131	128	144	139	146	155	164	143	146	40.9
张良	行政	158	163	154	158	128	159	150	163	139	150	154	59.1
王丽	行政	165	149	128	125	146	140	130	128	142	134	138	68.2

注：（1）其他评委指除直线主管外的其他考核人，包括同级员工。

（2）加权平均值 =（主管评分 ×3 + 其他评委评分之和）÷（3 +7），3 代表直线主管的权重，即主管的 1 分相当于其他人的 3 分，其他评委共 7 人。

（3）误差率% = 主管评分与其他评委平均分之差的绝对值除以加权平均值的最大差值，如 14 = | 146 − 142 | ÷（154 − 132）。

这是个比较完整的操作过程，可以进行借鉴。注意考核结果中的加权平均值才是对员工的最终衡量标准。

需要提醒的是，制作考评表格时，一定要根据团队的实际情况，否则就失去了针对性，对考评成效也会起负面作用。

绩效奖惩，怎样才能种瓜得瓜

之所以要对员工进行绩效考核，是为奖优罚劣提供依据。但很多团队在奖励和惩罚上因为操作不当，导致了很多种瓜得豆的结果。

一次，渔夫出海，偶然发现他的船边游动着一条蛇，嘴巴里还叼着一只青蛙。渔夫可怜那只青蛙，就从蛇口中救走了它，但他也可怜饥饿的蛇，于是就把自己的威士忌给蛇喝了。喝完美酒的蛇，也迅速离开了。

渔夫正为自己的善行感到欣慰，可没过多长时间，他突然觉得有东西撞击小船，原来，蛇又回来了，嘴里还叼着两只青蛙。

之所以会出现这种令人啼笑皆非的事情，是因为渔夫对蛇的行为进行了奖励，而这种奖励激励蛇去残害青蛙，结果完全背离渔夫的初衷，这就是奖罚不当，种瓜得豆的典型。

要避免这种情况，就要奖罚严明。该奖的不吝惜大奖，该罚的不包庇狠罚，这是种瓜得瓜的基本前提。

奖优罚劣，提高团队销售业绩，具体操作时需要坚持两个原则：

（1）奖要奖到心花怒放。

很多公司都制定了高额奖励，比如奖励名牌汽车豪华旅行等等。《都市快报》曾有报道说，杭州某软件公司 2005 年对业务部下达了完成 300 万元的销售指标的任务，完成指标的奖励轿车一辆。

这种奖励是对工作认可的最好表达。一年努力工作，除了得到相应的报酬外，还可以开着一辆小车回家，那还有什么可说的，拼命干呗！

“重赏之下，必有勇夫。”设立高额奖励，为的就是让“凡夫”变成“勇夫”。对这一点只有一个问题，那就是承诺奖励必须真正兑现。那种用萝卜引着毛驴前进的戏法现在已经不受欢迎了，别指望员工真的像驴一样愚蠢。

（2）罚要罚得胆战心惊。

还是《都市快报》说的杭州某软件公司，奖励是轿车，而惩罚措施也同样惊人：如果一年内未能完成指标，就要罚5000元，如果不想掏钱，就要去跑步。结果该公司一位女主管接受了绕杭州城跑一圈的惩罚，同被罚跑的还有一男一女两位员工。三人在公司派来的专人摄像监视下，跑完了比马拉松还长的66.7千米。

这家公司的惩罚措施确实让人过目不忘，相信被罚跑的三人对此经历也会毕生难忘，未来一年无论如何也要达标了。

胆战心惊的惩罚能起到很好的警戒效果，但体罚还是尽量避免，原因是：

- 体罚会伤害个人的自尊心，导致员工唯利是图，甚至为达目标不择手段。

- 丧失自尊心的团队无法再谈什么同心同德，将严重影响到整个团队的团结大计。

因此，直接进行奖金扣罚效果要好一些。大家努力工作，大都冲着报酬而去，罚金无异于体上剜肉，被罚者定然会记忆深刻。至于罚金数目，则根据团队实际情况确定。

第八章

一分投入三倍产出，团队自助式培训

新员工培训，顺利度过蜜月期

在职培训：明确需求，对症下药

互动培训，学习并快乐着

带动师培训私房宝典

一、新员工培训：顺利度过蜜月期

带动师在团队中另一重要角色是培训教练，负责对团队中的销售人员进行销售知识和销售技巧培训。这样做的好处是可以节省大量培训资金，并能根据团队实际情况展开灵活机动的培训活动。

要做好这项工作，带动师首先要掌握对新员工培训的方法。因为新员工初入团队，对新环境抱着无限憧憬和热情，所以前三个月被称为是“蜜月期”。而对新员工的培训，就是为顺利度过蜜月期提供高度保障。

新员工培训内容

有数字显示：对新员工培训投资 1 元，将得到 50 元的回报。

新员工进入销售团队后要进行职前培训，也叫做入职培训，这是作为新员工的基础培训，同时也是新员工熟悉组织，适应环境的过程。

在世界优秀企业中，对新员工的培训都有自己一套成熟有效的模式，例如，日本松下电器公司的“入社教育”，国内联想集团的“入模子”培训，都体现了对新员工培训的重视。

联想集团的“入模子”职前培训，是新员工进入联想的第一步。按照联想的传统，每一个联想的员工，在入职以后的3个月试用期内，都必须参加“入模子”培训，否则不能如期转正。“入模子”培训可以帮助新员工从每一个细节上养成良好的职业习惯，培训成绩则记入新员工档案，成为日后晋级的重要依据。

带动师为新员工进行培训要想取得良好效果，首先要明白新员工培训的目标是什么。这是大方向问题，必须要搞清楚。

职前培训的目标：

- 让新员工对销售团队及企业有基本了解。
- 让新员工学习新的工作内容和有效的工作方式。
- 帮助新员工与同事和销售团队建立良好关系。
- 帮助新员工建立符合实际的期望和积极的态度。

为达到上述目标，新员工培训所包含的内容为：

（1）对销售团队自身及所在企业的简介，包括销售团队的历史、概况、业务内容、发展前景等。

（2）职位说明及职业必备。

所需要的道具是职位说明书，需要向新员工描述所在职位的工作内容，并作出示范。制定日程安排，并在规定的时间内让新员工掌握工作方法和工作技能等。

至于职业必备是指员工应掌握的在具体工作中的同事联络方式、上司管理风格、必要的保密要求，以及团队中一些工作术语等。

（3）道德规范教育。

包括学习国家有关的法律制度，并把商业道德、服务规范、服务纪律作为培训的重中之重，做到自觉维护团队形象，遵守企业宗旨。

（4）专业技能培训。

主要包括服务礼仪、商品展示、商品陈列以及销售技巧方面的实用技术。

新员工培训内容清单

带动师在对新员工进行培训前，需要根据上述培训内容列一份详尽的培训清单。这样可以明确工作内容，避免出现错漏。

清单分为四大部分，分别是：

第一部分：团队概况

（1）欢迎词。

（2）团队的创业、成长以及发展趋势。

（3）团队的发展目标、优势以及目前存在的问题。

（4）团队的传统、习惯、规范和标准。

（5）商品、服务、主要客户情况。

（6）团队的组织、结构和所在企业的上下关系。

（7）团队的主要领导人情况。

第二部分：团队主要政策和过程介绍

（1）薪酬。

（2）加班时间。

（3）轮班制。

（4）工资预支情况。

（5）节日工资。

（6）付薪方式。

（7）购买内部处理商品的特权。

（8）纳税情况。

第三部分：团队小额优惠政策

（1）奖励制度。

（2）事、病假制度。

（3）保险情况。

（4）顾问服务。

（5）在职培训机会。

（6）工作餐。

第四部分：岗位技能培训

（1）顾客接待技巧。

（2）商品知识。

（3）设备的操作、维护及清洁。

（4）收银机的操作、维护及简易故障排除。

（5）商品陈列技巧。

（6）简易的包装技巧。

（7）简易的 POP 制作。

对于上述清单中的内容，带动师在具体操作时借鉴使用，注意根据团队的实际情况进行删减，同时还要考虑到培训的时间和培训重点。

岗位技能培训方案

对于销售团队来说，最重要的培训是实际工作技能的培训，也就是培训清单中的第四部分。只有掌握了各项服务和操作技能，新员工才能真正适应岗位，达到岗位操作要求。

具体到一个销售团队，对新员工的技能培训，可以借鉴下表。

新员工岗位技能培训表

培训主题	内　容	培训课时（自定）	培训方式
顾客接待技巧	礼貌用语		讲授、演示
	仪态（微笑）、仪容		讲授、演示
	说服技巧		讲授、模拟示范
	顾客抱怨处理		讲授、模拟示范
商品知识	商品分类		讲授、游戏
	特殊商品保养		讲授、演示
	质量鉴别		讲授、演示
	商品价格确定		讲授
培训主题	内容	培训课时（自定）	培训方式
设备操作、维护清洁	货架、货车		讲授、演示、游戏
	照明设备、招牌		讲授、演示
	空调、饮水机等		讲授、演示
收银机操作、维护及简易故障排除	基本操作		讲授、演示、游戏
	日常维护及故障排除		讲授、操作演示
	商品条形码读识		讲授、操作演示
商品陈列技巧	商品陈列基本原则		讲授、操作演示
	堆垛陈列技巧		讲授、演示、游戏
	商品高低、色彩搭配		讲授、演示、游戏
	橱窗陈列技巧		讲授、操作演示
简易的包装技巧	简易包装方法		讲授、操作演示
	包装纸的选择		讲授、操作演示
	包装美化处理		讲授、演示、游戏
简易 POP 制作	POP 制作方法		讲授、操作演示
	POP 悬挂技巧		讲授、操作演示
	POP 维护和替补		讲授
备注			

在上表中，各部分内容要根据团队实际情况酌情增减，对于培训课时，则要考虑培训内容的重要程度，以及整个培训计划日程安排。

至于培训清单中的前三部分，可以用集中讲授的方式完成，具体方式方法由带动师自行处理，但要避免教条讲授，尽量运用一些喜闻乐见的方法，比如用一个故事来介绍企业创业史等。

创造“第一日工作印象”

带动师对新员工的培训不但包括上述内容，还要负责给新员工一个难以忘怀的“第一日工作印象”，也就是让新员工进入团队的第一天，就感受到团队对他们的重视，感受到团队与众不同的吸引力。

具体方法，不妨为新员工准备一个“迎新会”，内容可以包括：

- 备好饮料或茶点，邀请公司的每一位员工前来与新员工见面。
- 在显著位置放一个欢迎新员工的条幅。
- 送每一位新员工一件团队纪念品，如印有标志的水杯、T恤或帽子等。
- 请老员工讲一些团队轶事，或者团队独一无二的特点。例如，遇到的一位古怪顾客，或者工作伙伴之间只能互相称呼绰号等。
- 邀请团队中的大人物（例如，部门经理），讲授他（她）在团队中的成长历程，以及对团队工作的心得体会。

带动师如果能在这个基础上，发挥能动性，为新员工搞一个别开生面的入队仪式，想来会成为新员工职业生涯中难以忘怀的一页。

在西门子“新员工融入计划”中，新员工进公司的第一天就会收到一封公司的欢迎信。公司还为新员工设立了一个网页，新员工可以从中了解公司的组织结构、规章制度、薪酬福利政策等信息。西门子还要求相关部门为新员工准备第一天的时间表和办公设施，服务可谓周到。

二、在职培训：明确需求，对症下药

在职员工经历了新员工的完整培训，对其进行二次或多次培训时，需要作必要的需求分析，“对症下药”。

要做好正确的需求分析，必须掌握销售团队的工作情况，要点是掌握几种获得第一手资料的方式方法。

采用必要性分析搜集资料

必要性分析是指企业在某些方面出了问题、困难，要通过收集、分析信息和资料，找到原因并归结出问题解决办法的一种分析方法。

凯隆超市从2009年4月开始，销售业绩出现下滑。5月，由于7天黄金周，销售额有所回升，但仍比去年同期销售额下降了7.5个百分点。到了6月，销售额下滑幅度比较大，与2008年同期相比竟下降了11个百分点。

超市经理着实被这些可怕的数字搞得头大：是不是需要进行员工培训呢？经理制作了一份问卷，要求超市各货区举行小组讨论，并根据结果进行了销售技能方面的培训。培训后，当月销售额就有所回升，到8月已经超过了上年同期销售额。

需求分析的要点在于搜集可靠资料，带动师的要点在于掌握搜集资料的方法。

进行必要性分析，可以用两种方式搜集资料，也就是凯隆超市经理所使用过的：

方式1：通过问卷搜集资料。

问卷中包括三个主要内容，它们是：

- 工作中遇到的问题、难题。
- 希望进行何种培训。
- 建议的培训方式。

凯隆超市经理所制作的调查问卷非常简单，下表是冷鲜区王勤所填问卷内容。

姓名：王勤　　货区：冷鲜　　2009年4月13日

工作中的问题或困难	水产品看上去不够新鲜，不能吸引顾客
	顾客常常询问水产品的烹调方法
	顾客希望知道水产品在食用时的注意事项
希望进行何种培训	水产品保鲜、保活技巧
	水产品烹饪方法的培训
	水产品食用卫生知识培训
建议培训方式	实地讲解、实地操作式培训

从这份问卷来看，凯隆超市冷鲜区的问题一目了然。超市经理只需要对相关问卷进行统计，很容易就可以掌握各个货区的情况，进而提供针对性的培训，解决问题。

方式2：通过小组讨论获得资料。

小组讨论是将大的销售团队分成几个小组，对工作中的问题进行讨论，总结出最具有针对性的，难度系数最大也是最为棘手的，做成书面报告，供相关培训人员进行参考。

凯隆超市经理要求各个货区小组长负责组织组内员工讨论，根据工作中遇到的实际问题，提供一份具有针对性的培训草案，限定时间为一周。

一周后，家电区提交的培训草案是：

货区：家电区

组长：周少文

提案依据：

• 顾客抱怨说明书复杂，使用困难，对产品进行演示，顾客看了觉得懂，但转身就忘。

• 有一半以上的家电翻修是由于顾客使用不当，不注意保养造成的。很多顾客不明所以，投诉商品质量问题，造成负面影响。

培训提议：

• 商品演示技巧培训。

• 商品保养知识培训。

问卷和小组讨论执行简单，可操作性强，在具体使用时可以根据自身情况选择一种，也可以双管齐下，总之是要找出影响销售业绩的症结所在，对欠缺处加以培训，问题也就迎刃而解。

主动出击，用整体性分析收集资料

整体性分析，是指通过对团队组织及成员事先进行全面系统的调查、分析、讲解，进而确定理想的状态与现有状况间的差距，然后决定是否进行培训及培训内容的一种分析方法。

肯休闲服饰专卖店每年4月是培训月，该店店长要求销售组长做一份培训提案。小组长周明丽接到任务后，立刻展开调查，做培训需求分析。

周明丽采用了两种方法：一是对销售团队中几个同事进行访谈；二是跟其他连锁店铺的同事进行沟通，找出自身团队中存在的问题和差距。

具体方法如下：

方法1：关键人物访谈。

这里的关键人物并不是指团队中的领导者，而是在团队销售中起关键作用的普通工作者。这部分人工作在第一线，由于对自身工作要求比较高，容易发现团队中的不足，对需要从事何种培训，也有自己明确的想法。

带动师本身就是这样的关键人物，但为了集思广益，还需要找2～3名代表性的工作伙伴进行调查，周明丽的做法是：

周明丽找到了平时业绩突出的小刘和小马，分别就工作聊了聊天。小刘的反映是，几个老员工工作态度不太好，顾客进门时笑脸相迎非常热情，但如果顾客只试不买，立刻就给人冷脸看，让顾客觉得肯服饰的导购都很势利，还给新员工做了坏榜样。小刘要求搞一下导购服务方面的培训。小马的反映侧重点则是服装陈列，店里的衣服都不错，但一排排挂着一点也不吸引人，希望店里能搞些陈列技巧方面的培训，这样销售情况肯定会有好的改善。周明丽根据两位同事的意见，结合自己的日常观察，初步定下两个培训方向：

- 第一，销售服务培训。
- 第二，服饰陈列培训。

方法2：同行业调查。

所谓同行业调查，就是搜集优秀同行的资料，进行对比，找到工作差距，为培训提供有价值的参考。对此，周明丽的做法是：

肯服饰是全国连锁销售，在本市有三家连锁店铺，周明丽所在的店铺销售情况还可以，但一直比不上旗舰店。周明丽专门拿出时间，到旗舰店取经学习，顺便还到其他休闲服饰店转了一下，总结成果是：

- 旗舰店对主打服饰进行陪衬性陈列，突出经典款式；而自己店铺大面积陈列主打服饰，结果弱化了经典款式的优势。
- 其他休闲服装店铺在服装陈列上，特别注重色彩搭配，营造出视觉触摸优势，而自己店铺在这方面缺乏创意。

调查结果显示，周明丽所在店铺需要陈列技巧上的培训。把关键人物访谈和同行业调查结果相结合，周明丽很容易得到一个综合而明确的培训方向：

- 第一，销售技巧培训，重点是服务态度。
- 第二，服饰陈列培训，重点是如何突出主打服饰和色彩搭配。

由这个案例可以看出，综合性分析是一种完全主动式的分析方法，它根据销售团队发展的战略目标和措施制度，不考虑有无问题发生，对团队的整体状况进行综合分析，目的是找到团队现存问题，消灭隐患。

从绩效差距中分析培训需求

绩效差距分析也就是结果分析，它主要集中在工作行为结果上，而不是组织体系方面。绩效差距分析的优点是更深刻、更直接、更注重实用性。

迪雅超市饮品货区组长王培3月需要为该货区提供一份培训需求分析，他的方法是凭借自己的工作经验和日常观察，同时结合2月的绩效评估结果，有针对性地进行了一次技能测验，然后得出该货区需要培训的项目是理货技巧和简易POP制作。

王培制定培训需求分析具体采用的方法是：

方法1：借助绩效评估结果。

从绩效评估表上很容易看出员工在工作中的缺漏，而这些缺漏正是需要加强培训的。

饮品区7位工作伙伴的绩效评估表显示，在“补货及时度”和“保证商品三个陈列面”上做得不够好，得分偏低。

从评估结果看，大家需要一些理货技巧上的培训。

方法2：测试法。

为了确定从绩效评估表中获得的结论，王培又举行了一次小型测试，具体是：

在当天工作结束后，王培召集7位导购，给他们每人10分钟时间，让他们检查自己负责区域内商品销售情况，并在最短的时间内补货，同时还要注意商品的整齐陈列。

10分钟后，王培对结果进行检查，发现所有人基本上都能把卖出的商品补齐，陈列整齐度也可以，但是细节上出现不少问题：比如丰收干红有两个品类没有达到三个陈列面；矿泉水区，新货摆在了前面，旧货放在后面。除此之外，王培还发现饮品区的简易POP美观度不够，不能吸引顾客。

由此，王培得出的培训需求结果是：

- 重要：理货技巧培训。
- 次重要：简易POP制作技巧培训。

做好培训需求分析是进行培训工作的第一步，也是进行有效培训的前提和保障。对于上面案例中所列举的方式方法，在实际操作时可以根据自身情况配合交叉使用。要以方便、有效为基准，而不是简单的“拿来主义”。

三、互动培训：学习并快乐着

近日，“前程无忧”就“人才培训现状”做了一次1282份的问卷调查，结果显示：至少有97%的员工不满意公司培训，45.01%的人认为学的时候感觉有收获，但具体工作时收效甚微。所谓“听听激动，想想冲动，回去一动不动”，这种培训叫好不叫座的情况，是目前培训教练们最大的尴尬。

要改变现状，首先应从抛弃传统授课方法入手，引入游戏、情景模拟、典型案例等互动性强的培训方法，使培训工作真正走出镜花水月的误区。

培训游戏化、娱乐化

培训不是劳动改造，而是娱乐享受。游戏法培训，顾名思义就是利用游戏的形式进行培训的方法。

一般工作者的普遍感受是：工作让人觉得枯燥乏味，压力大苦恼多，票子也没有多少！偶尔参加一次培训，如果能玩玩游戏，娱乐身心，放松精神，受训者怎么能不喜欢。

被誉为“万能翻译机”、“英语播种机”的疯狂英语创始人李阳，之所以能吸引不计其数的人加入到学习英语的潮流中来，并不因为他是英语口语教育专家，而是他把英语教育娱乐化了，让学生在喊英语的快乐中学到知识，从而摆脱英语学习乏味的阴影。

坏培训形同劳动改造，好培训仿佛娱乐享受。

培训游戏化的基本方法就是将娱乐因素引入培训当中，游戏本身就是一种娱乐，关键是带动师怎么用，使受训者既乐在其中，又能从娱乐过程中学到知识。

王培芳是一名资深培训师，为了解决受训者大量溜号的情况，她试着将游戏引入课堂。根据培训内容不同，她对游戏的使用也不同，总体来说有两种方法：

方法1：在培训过程中插入游戏。

例如，对新员工的培训中，王培芳会考虑到新员工心理紧张、彼此不熟悉而导致气氛僵硬这一因素，一般在培训前安排一组“破冰游戏”。至少准备两个，一个作为备用，具体选用哪一个或者两个都用，视当时情况而定。

No. 1

游戏名称：手牵手

游戏目标：以较热烈的活动使学员彼此熟悉，带动整体气氛活跃。

游戏方法：

（1）分两组，各组人数不拘，数量最好均等。两个小组排成两排，并选出组长。

（2）两组人面对面坐下，手牵着手。

（3）组长叫植物或动物的名称，叫植物时，全部的人要将双手上举，叫动物时则放下；如果连续两次叫植物或动物，就保持上举或放下的动作。例如：菠菜（上举），蚂蚁（放下），大象（放下），玫瑰（上举）等。

（4）两组组长轮流叫名字，动作错误的人就要被淘汰，经过几次后剩下人数较多的那组胜出。

No. 2

候补游戏：言不由衷。

游戏目标：活跃课堂气氛，放松学员心情。

游戏方法：

（1）10～20人，注意男女搭配。

（2）该游戏用“是”或“不是”回答问题，但回答必须要言不由衷，颠倒事实来回答。例如：问一个男生：“你今天描眉了吗?”男生必须回答“是”。

（3）指定一个人当“鬼”，由“鬼”依次发问，答错的人就换当“鬼”。（如果对一个人各问2～3个问题，则会相当有趣。）

做完“破冰游戏”后，课堂的冰层很快就被打破，然后进行培训，气氛就会融洽许多，受训者投入程度也很理想。

方法2：用游戏来培训。

使用游戏的另外一种方法是直接把游戏和培训技能结合起来，这样可以避免技能学习枯燥乏味，效果不佳的情况。

例如，王培芳在培训商品陈列时，就把培训主题转化为一个游戏，具体做法是：

游戏名称：堆垛比赛。

游戏目标：让学员掌握快速堆垛技巧。

游戏道具：矿泉水若干、隔板、展台（也可以不用）。

游戏方法：

（1）培训师简单示范堆垛方法。

（2）将学员分组，每5人一个小组。

（3）每个小组负责20个包装矿泉水堆垛，要求下面搭好平台，至少两层为整装矿泉水，顶层则必须为散瓶。

（4）各小组在10分钟时间内完成堆垛，并进行点评，讨论各组的优点和不足。

通过这个简单而具有刺激性的游戏，受训者会在娱乐过程中掌握陈列技巧。比起干巴巴的课堂讲授，这种方法更为受训者所欢迎，技巧掌握也更牢固。

当然，游戏并非万能，在培训中带动师要掌握分寸。游戏的目的是培训，为了娱乐而游戏，那就是犯了本末倒置的低级错误。

情景模拟，为培训打造虚拟空间

情景模拟是指提供受训者某种情景，要求一些受训者担任各个角色并出场表演，其余的受训者观看表演，并注意与培训目标有关的行为。表演结束后举行情况汇报，扮演者、观察者和带动师可以就模拟情况进行相关讨论。

王培芳在培训一些销售实用技巧时，常常采用情景模拟的方式。例如：

模拟主题：遇到刁难的顾客。

模拟背景：服装卖场销售区。

道具准备：一件 T 恤。

具体方法：

- 选出一位学员，扮演顾客角色。（注意，这是位刁钻的顾客，必须故意提出问题为难导购。）
- 选出另一位学员扮演导购角色，当刁难顾客将这名导购难倒时，则替换另一名学员作为导购继续处理顾客刁难；如果顾客没有问题难倒导购，则换另外一名学员扮演刁难顾客角色。以次类推，直到所有学员都参与游戏。（注意刁难顾客的问题不能重复。）
- 完毕后，总结出顾客常用刁难问题以及应对技巧。

情景模拟的优点很明显，它可以让受训者在虚拟的情景中解决日常工作里的真实问题，并且亲身参与，有一定的真实感，印象会比较深刻。

这里，需要注意模拟情景的四大要素：

（1）选择情景。

通常来说，需要选择一些敏感性强的问题，例如，对付难缠的顾客，或者处理客户异议等。

（2）扮演的随意发挥性。

要使角色扮演具有实效，就必须给角色一定的自由发挥空间，以使受训者具有较高的参与度。

最为普通的形式是只为表演者规定一个基本框架，具体行为内容由受训者自然应对，这可以保证每一位角色扮演者从模拟中学到东西。

（3）角色数量控制。

角色不宜过多，一般2～3名即可，目的是集中反映想要说明的问题。当然，也可以将所有受训者分成若干小组，按小组进行模拟训练。

（4）所需道具准备。

带动师作为培训者，必须准备好角色扮演中使用的道具，包括相关的文字资料、所用的物品等等。

另外，情景模拟培训的目的是解决问题，所以最后一步“总结”是重中之重。

运用典型案例做主题培训

典型案例是一种比较传统的培训方法，因其成效较好而颇受欢迎。带动师在培训中可以挑选在实际工作中具有代表性的与培训主题紧密相关的事实，作为典型案例让受训者讨论。

一般采用典型案例培训的步骤是：

- 首先，让受训者阅读一组描述完整的销售技巧或工作技能问题。
- 其次，让受训者指出案例中存在的不正确或不恰当行为。
- 最后，要求受训者提供解决问题的方法。

王培芳在培训中非常注意典型案例的使用。某次提高服务意识的培训，王培芳的操作方法是：

培训主题：服务意识

案例准备：

胡先生乔迁新居，夫妻两人高高兴兴到商场选购了煤气灶、消毒柜、洗碗机，满心期待着打造自己的新厨房。

商场导购答应安排送货。因为当时已经是下午了，所以让胡先生留下电话，告知第二天上午11:00左右就能送到。

第二天一早，胡先生就到新房等着，一直等到快12:00了，仍然没有消息。打电话到商场问，回答说送货员早上9:00就送出门了。打通送货员电话后，回答说还有一站就到了。胡先生便兴冲冲下楼去接，结果又等了近两个小时才到。

货好不容易到了，却只有煤气灶和洗碗机。消毒柜怎么没有来呢？胡先生只好又打电话到商场去问。得到的答复是：他选择的那款消毒柜，因为是商场里的特价商品，所以要另外单独送货。据说也已经送出来了，让胡先生耐心等等。

直到晚上10:00后，胡先生才等到消毒柜，但油烟机依然没有货，商场一方只让胡先生耐心等，却不知道要等到什么时候。

案例讨论：

（1）学员阅读案例，大约5分钟时间。

（2）学员7~10人一组，讨论商场在服务上出现的问题，大约10分钟。

（3）站在当事人胡先生的立场上，每组提供一个解决方案，这个方案必须让胡先生感到满意，时间大约15分钟。

（4）点评、补充学员所提供的解决方案。

在运用典型案例培训时，带动师要特别注意案例的选择，一定要具有代表性，对培训主题有正性或负性说明，能让受训者引起对培训主题的重视和思考。

对于经典案例的来源，可以是：

- 带动师自己工作中亲身见闻。
- 从报纸、网络上搜集的典型案例。
- 根据培训主题自行设计案例。

如果带动师一时找不到针对性的案例，不妨根据培训主题自己设计一个案例。因为带动师的所有措施是为目的服务，而不是为过程服务。能达目的，方式方法可以自行创新。

四、带动师培训私房宝典

带动师的培训工作和普通的培训师有所不同，因为带动师来自销售第一线，对培训了解更全面，更能照顾到细节部分，这包括常常被忽视的离职培训，以及培训回馈。

为了让团队培训继往开来，带动师还可以建立一个培训图书馆，尽管灵感来自别人，但具体实施却体现着带动师的创新能力。

离职培训，将培训进行到底

这里的离职，主要针对团队中的被辞退者，因此又叫“辞退培训”。岗前培训是为了让员工在未来工作中胜任岗位要求，被辞退的人将与团队割裂联系，再进行培训是否多余呢？

××国有企业被外资并购，这家企业要裁掉40名员工。这40名员工对公司决定的第一个反应是把石头抬到生产线上，第二个反应是集体给总经理写信，并抄送人力资源部经理，在信中他们写道：“要么你们把我们40个人搞定，要么我们40个人一起把公司搞定。”

上述案例就是忽视辞退培训的结果，矛盾不但没有弱化还进一步升级，进而影响整个团队的正常运转，同时破坏了该企业在社会上的声誉，最后还要在非常被动的情况下同辞退员工进行协调。

细枝末节上的工夫更能显示带动师的优越性。

由此可知，辞退培训必不可少，具体作用是：

- 安抚被辞退者，使其顺利走向下一个工作岗位。
- 维护团队形象，增强团队凝聚力。

辞退培训的内容：

（1）为辞退者做合理的职业规划。

一个员工因在内部竞争中处于劣势而淘汰，原因可能是工作不努力，但也可能是该员工并不适合所在岗位。

举例来说，一个对数字反应迟钝的员工走上了收银岗位，因为不断出现错漏，在无法调换岗位的前提下领导者只好对其辞退。

这时，作为带动师首先要对该员工进行精神安抚，而后对其职业规划作出正确分析：

- 为什么不适合收银工作（对数字反应比一般人慢……）。
- 应该去选择何种性质的工作（经了解，该员工对面点很感兴趣，是否应该向这个方向发展）。

注意，这种职业规划是引导性质的，是让辞退者意识到自我职业规划的偏差，从而进行修正，而不是带动师把自己的想法强加给辞退者。

（2）对其再就业进行适当培训。

再就业培训并不是再就业技能培训，而是再就业心理培训，目的是让辞退者不要因为被辞退而影响进入下一个工作岗位的步伐及心情。

再就业心理培训的简单方法是：

- 讲述自己被辞退的一个例子。
- 讲述一个成功人士遭遇辞退的例子。

目的是让辞退者认识到被辞退也是人生的一次机会，一次重新选择生活的机会，并树立在下一个工作岗位上赢取成绩的信心。

（3）帮助辞退者找到合适的工作。

这一点要本着尽力而为的原则，带动师调动自己的社会资源，在能力范围之内为辞退者寻找下一个落脚之处。

离职培训或者说辞退培训，是团队管理人性化的体现。对外可以在最大限度上维护团队的声誉，避免辞退者向周围人群散布对团队不利的信息；对内而言，可以安抚在职员工踏实工作，让他们知道自己处于一个很有人情味的团队之中。

自动做好培训回馈

培训回馈就是对培训效果进行评估的变换形式，通过培训回馈，可以对培训活动有一个总体性的衡量，具体作用是：

- 可以了解具体培训项目是否达到原定的目标和要求。
- 衡量受训者知识和技能的提高或行为表现的改变。
- 找出培训中的错漏，甚至是培训失败的原因。

做好培训回馈，带动师具体可以采用的方法是：

方法 1：制定回馈表格。

在培训过后的一周时间内，发放回馈表格。

培训回馈表格 1

姓名：　　　　货区：　　　　　　　　　　　　　　　　年　　月　　日

培训主题	训师姓名	成 效	错漏及原因
No. 1			
No. 2			
No. 3			
培训意见或建议			

培训回馈表格2

组长：　　　　货区：　　　　　　　　　　　　　年　　月　　日

姓 名	培训项目改进情况	欠 缺	欠缺原因
培训意见或建议			

这两份回馈表格，其中表格1发放对象是所有参与培训的员工，请他们对培训成效和错漏做一个自我评估；表格2发放对象是团队中的小组长，请他们客观评价培训在组员身上所起的作用。同时，两份表格中都列了“培训意见或建议”一项，目的是为带动师的培训工作收集合理化建议，为下次成功培训做好准备。

方法2：参照绩效评估表。

绩效评估可以比较全面地反映员工的工作情况，尤其是培训后一个月内，带动师要特别注意相关项目的绩效评估成绩。

数据说明一切。如果相关项目的绩效有所提升，说明培训取得了一定成绩，反之，则表明培训失败。

除了以上两种方法外，带动师还可以参照上层领导者的意见，但比较而言，从当事人以及数据中反馈出的信息更具有说服力，也是培训成功与否的主要依据。

建立培训图书馆

零售巨鳄沃尔玛不但热衷于员工培训工作，还在公司内设立了培训图书馆。在那里，员工们可以了解到各种有关新闻资料以及公司其他部门的情况，从而对公司的背景、福利制度以及规章制度有深层次的认识和体会。

带动师不必管沃尔玛的图书馆在做什么，关键在于这是个很好的培训理念。带动师可以根据自己的能力和可以调配的资源，为所在团队建立一个具有实用价值的培训图书馆。

该图书馆的内容应该包括：

（1）行业动态。

例如，拿一个超市来说，图书馆中要包括零售行业的最新信息，关注沃尔玛、家乐福等几大零售巨头的最新情况。

资料来源可以是：

- 各种报纸、刊物，例如，《中国商报·超市导报》、《经济日报·超市周刊》、《零售》杂志等。
- 各个网站，例如，中国零售网、中国零售企业网等。
- 各种零售业内论坛及会议，例如，中国零售业博览会、中国零售业国际展览会等。

（2）团队发展情况。

团队发展情况是为了让员工更好地了解和认识所服务的团队，因此基本内容应当包括：

- 销售团队的创业、发展历程，当前发展状况，以及未来规划，重点是后面两项。
- 销售团队的组织机构，各层领导设置。
- 团队工作者的福利待遇，以及岗位发展规划。

这些资料可以从团队领导者那里获得，内容务必详尽，并且以员工关注指数为选择标准。切不可搞一堆毫无感情的教条化文字，这同培训图书馆的立意是相背离的。

（3）团队培训。

团队培训主要是整理收藏团队培训资料，内容包括每一次培训的时间、地点、培训师、培训主题、方式、回馈，以及培训期间的图片留影等。

这样就为后来者提供了完整的培训方案参考，有利于节省培训资源，提高培训成效。

备注：职业发展各阶段培训工作列表

> 所谓职业发展阶段，是一个人职业生涯中具有各种不同特征的不同时期。这些不同的特征主要体现为具有不同的工作职业、工作单位、工资报酬和工作活动方式等等。

根据人的生理和心理发展历程分析，职业发展阶段有四个，它们分别是：

- 职业探索阶段。
- 职业建立阶段。
- 职业维持阶段。
- 职业衰退阶段。

在这四个阶段中，工作者的特征和关心的问题都有所不同，因此带动师对其进行的培训也有所不同，具体如下表所示：

职业发展与培训开发计划

职业发展阶段	特 征	关注问题	相应的培训工作
职业探索阶段	25 岁左右 初步职业定位	选择做什么工作	员工针对职业定位 自主学习
职业建立阶段	25 ~ 44 岁 选择职业方向	如何得到工作 如何和同事相处 如何学会工作 再次职业定位	团队概况培训 岗前培训 岗位技能培训 企业文化培训
职业维持阶段	45 ~ 60 岁 已明确定位，对成就和发展期望减弱，希望保持自身地位和成就的愿望加强	决定努力的程度 前进的进程和目标、选择技术型工作或者管理职业 承担更大的责任或维持现状 充当元老或前辈角色，培养有能力的下属	纪律、制度培训 思想教育，价值观培训 家庭工作平衡技能培训 专业技能深度培训 发掘员工的经验和技术，帮带培训
职业衰退阶段	60 岁以后 工作绩效下降，员工产生失落感和敌对情绪	退休后生活安排	思想教育、安慰 退休后生活安排、福利待遇说明等